中国老话

杨文忠　编著

黄河出版传媒集团
阳　光　出　版　社

图书在版编目（CIP）数据
中国老话 / 杨文忠编著. -- 银川：阳光出版社,
2024. 8. -- ISBN 978-7-5525-7432-6
Ⅰ. K203-49
中国国家版本馆CIP数据核字第2024UW5999号

ZHONGGUO LAOHUA
中国老话
杨文忠 编著

责任编辑 徐文佳
封面设计 君悦天下
责任印制 岳建宁

黄河出版传媒集团
阳光出版社 出版发行

出版人 薛文斌
地址 宁夏银川市北京东路139号出版大厦（750001）
网址 http://www.ygchbs.com
网上书店 http://shop129132959.taobao.com
电子信箱 yangguangchubanshe@163.com
邮购电话 0951-5047283
经销 全国新华书店
印刷装订 三河市华阳宏泰纸制品有限公司
印刷委托书号 （宁）0030255

开本 880 mm × 1230 mm 1/16
印张 12
字数 190千字
版次 2024年8月第1版
印次 2024年8月第1次印刷
书号 ISBN 978-7-5525-7432-6
定价 56.00元

前　言

老话是中国传统文化的重要组成部分，数千年来，经过口耳目相传，沿用至今，依旧被人们所喜欢。那么，中国老话究竟有何魅力呢？

俗话说“不听老人言，吃亏在眼前。”这里的“老”指的不是陈旧与腐朽，而是经过时间的洗礼和岁月的沉淀，积累下来的生活经验与教训，先人们曾经犯过的错误、吃过的苦、受过的累，通过一句句朴实的老话流传下来，为后人照亮了前行的道路，指引后人少走弯路、少踩坑。正所谓“前人所言，后人之鉴”。

“德者，本也”，道德修养是为人的根本。中国老话中蕴含着丰富的道德规范和行为准则，如“仁、义、礼、智、信”“温、良、恭、俭、让”“忠、孝、廉、耻、勇”等，它可以引导我们规范自己的言行，提高自身修养。

我们立足于社会，就要学会为人处世。中国老话中有很多处世箴言，当我们事事顺心、春风得意、身居高位时，老话告诫我们祸福相依，切莫忘乎所以、狂妄自大，居安思危，方能行稳致远；当我们迷茫，不知所措，自怨自艾、妄自菲薄时，老话让我们明白破茧方能成蝶、淬火始成真金，不要轻言放弃，因为办法总比困难多。

总之，中国老话精辟深刻、意味深长，读之如老酒醇香，回味无穷，令人醍醐灌顶，受益良多。基于此，我们策划了《中国老话》这本书。本书搜集了与修身养性、夫妻关系、家庭教育、持家有方、交友有道、为人处世六个方面有关的老话，结合中国古代经典故事，解读中国老话，老话新讲，让读者感受到中国传统文化博大精深的同时，也能对自己的人生有所感悟。

目 录

第一章 心大了，事就小了

第二章 爱则亲，不爱则疏

第三章　子不教，父之过

第四章　持家有方，家业兴旺

第五章　朋友多了路好走，知己多了有好福

第六章　会做人，能做事

第一章

心大了，事就小了

修身养性得道行，遇到事情，要有一个良好的心态，把心胸打开，天大的事，到了明天就是小事，今年再大的事，到了明年就是故事。

吾日三省常思过

君子求诸己，小人求诸人。

——《论语》

成功者与失败者之间的差距在哪里？是知识经验不同，还是人生阅历不同，抑或是家庭背景不同？面对失败，有的人选择怨天怨地，有的人则选择反躬自省。

曾国藩的弟弟曾国华从小就有极高的天赋，曾国藩对他抱有很大的期望，希望他能考取功名，光宗耀祖，于是花了很大的力气去培养曾国华，但是他屡试不中。久而久之，曾国华便有些消沉，并且牢骚满腹，怨天尤人，时常在妻子身上撒气。

曾国藩知道后，写信给曾国华："你考不上功名，与别人有什么关系，是你自己不够努力！"

唐朝大历年间，回纥五千人入侵边境，名将张光晟率领两万士兵迎战，却遭遇惨败。战后将领们都非常不服气，纷纷要求出兵再战。

一位将领说道："回纥只有五千人，我们有两万人，又占据了天时地利的优势，我们怎么会输呢？请允许我出战，我保证将人打得片甲不留。”

张光晟摇了摇头，说道：“我们占据了这么多优势却失败了，说明我们的作战策略出了问题，我们需要先找出问题出现在哪里，才有胜算的把握。”经过数天的反省后，张光晟终于找到了对付回纥的方法，最终胜利而归。

古人云：“知不足，然后能自反也；知困，然后能自强也。”这句话的意思是说，知道自己的不足，才能反省自己；知道自己困惑的地方，才能改进自己。

古往今来，那些优秀的人，不是真的比别人强多少，也不是他们身上没有缺点，而是他们懂得自我反省，善于通过反省，发现问题，并及时改正。

知人者智，自知者明。能真正做到自知的人很少，反倒是遇到困难，就把矛头对准别人的多，这是为什么呢？

第一，与认知水平有关。

认知能力低的人，因受认知的局限，往往无法发现自身的不足，认知能力高的人，知识储备量大，看问题更全面、更彻底，会不断地从自己身上寻找解决问题的答案。

第二，酸葡萄心理。

俗话说:“吃不到葡萄说葡萄酸”，这是因为当一个人的需求无法得到满足时，内心会产生挫败感，为了消除内心的不安，就会找一些理由来安慰自己，以此来消除紧张，并减轻内心的不悦，这种现象就叫“酸葡萄心理”。

《论语》有言:“君子求诸己，小人求诸人。”虽然剖析自己、直面自己的内心是痛苦的，但这是成长必须经历的过程，破茧才能成蝶，历苦才知甘甜。

计较得越多，失去得越多

君子坦荡荡，小人长戚戚。

——《论语》

“君子坦荡荡，小人长戚戚。”意思是说，君子因为心胸开阔，光明磊落，所以内心舒畅安定；小人私念太多，斤斤计较，患得患失，心理负担重，所以心神不宁，坐卧不安。

这里的“小人”，与我们平常理解的“卑鄙小人”不同，把它理解为“小人物”或许更恰当一些。相对于君子，我们大多数人都应该算是小人物，因遇事无法做到波澜不惊，故常常烦恼缠身。

殷浩是东晋的将领，曾先后担任过征西将军庾亮的参军、扬州刺史、中军将军等，但因当时晋朝朝廷内部搞分裂，将领之间相互猜忌，加之北征后秦失利，殷浩最终被撤职流放。

殷浩在征召入朝之前，曾隐居十年，多次拒绝入仕，大家都认为他是一个淡泊名利的人。被贬黜后，虽然从来没有听见他向别人抱怨过，但人们总能看到他做这样一个动作：伸出一根手指，在空中写字。有好事的人便常常在他身后观察，久而久之，人们终于明白他写的是“咄咄怪事”四字。此时，人们才恍然大悟，原来他对罢黜一事，一直耿耿于怀。

殷浩或许有些小心眼、斤斤计较，其实，我们何尝不是如此呢？只不过事情没有落在自己身上罢了。

有这样一句话：“我们的心是一条路，心开，路就开；心卡，路就卡。”我们大多是平常人，没有君子那样坦荡的心胸，即使有，也历经了从“小人”到君子的过程。那么，我们该如何让自己的心胸开阔一些，少一些烦恼呢？最好的方法就是扩大自己的视野。当我们拥有了更广阔的视野，就会忽略掉生活中那些细枝末节，就不会有那么多烦恼了。一块石头，你近距离盯住它看时，它就显得十分巨大，站在远处看时，它就变得十分渺小。如果站在高山上去看它，它就会小得如尘埃一般。

做人莫贪心，贪心必后悔

一念贪私，万劫不复。

——《菜根谭》

“人只一念贪私，便销刚为柔，塞智为昏，变恩为惨，染洁为污，坏了一生人品。故古人以不贪为宝，所以度越一世。”

《菜根谭》告诉我们这样一个道理：人的心中只要出现一点贪婪或者私念，就会让原本的刚毅变得懦弱，原本的贤明变得昏庸，原本的慈悲变得残酷，原本的纯洁变得污浊，结果就毁了自己一辈子的声誉。所以，在古代，圣人都把“不贪”作为自己修身的法宝，这样才能超脱物欲，平安地度过一生。

“一念贪私，万劫不复。”不是危言耸听，而是前车之鉴。历史上有两位国君，就因为贪念、私欲太重，导致国家灭亡。

春秋时期，晋国所辖地域是周朝建立之初周成王的弟弟叔虞的封地，它的南面有两个小国，一个是虞国，一个是虢国，两个国家山水相连，且祖先都姓姬，多年来两国和睦相处，互帮互助，其他国家对他们都有所忌惮。

晋国大夫荀息出使虞国，用美玉和良马贿赂虞国国君。

不过，虢国的国君是个狂妄之人，常到晋国边境上闹事，晋献公想讨伐虢国，可又担心虢国会联合虞国一起对付自己，大夫荀息就给他出了一个主意——给虢国国君送去一些美女，使虢国国君沉迷于女色，让他尽情享乐，不理朝政，虢国国君果然中计。虞国国君则是一个鼠目寸光、贪图小利之人，晋献公就派人给他送去价值连城的美玉和良马，以此作为借道虞国攻打虢国的条件。

贪婪、愚昧无知的虞国国君竟然同意了晋国的要求，结果给自己带来了亡国的厄运，晋国在灭掉虢国之后，又灭掉了虞国。所以说，做人千万不能太贪心。

当一个人月入几千元时嫌收入太少，认为只有赚到上万元才幸福，可是实现了月入万元的目标后，又会认为月入十万才幸福。欲望是没有止境的，欲望太多，不仅会影响人的思维，心态也会变得阴暗起来，有多少人因为被金钱束缚，最终走向了犯罪的深渊呢？

贪念，就像是一个黑洞，不仅会吞噬我们的生活和幸福，甚至可能是生命。大千世界充满了形形色色的诱惑，如何才能抵制诱惑呢？

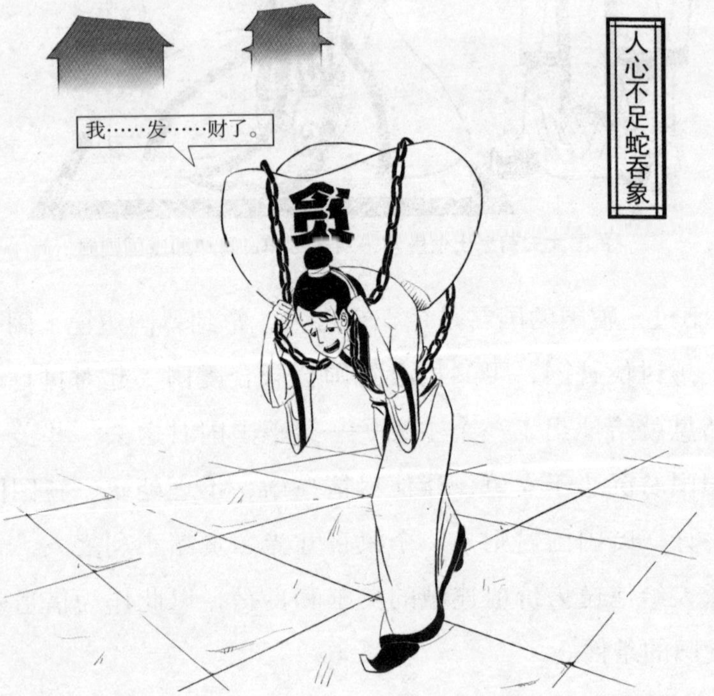

首先，我们应该客观地看待身边的人和事，远离不良环境，并树立正确的价值观。人最容易受到周围环境的影响，如果你身边都是月光族或者透支族，收入不高，却要享受高档消费，那么，你可能也会产生不合理的欲望。

其次，当你感到自己的欲望在不断膨胀时，不妨适当转移注意力，培养一些积极健康的兴趣爱好，这有助于抑制某种欲望。

总之，我们要明白一点：欲望是可以无限膨胀的，物质带给我们的满足却是有限的，切勿被贪念控制了自己的人生。

月满则亏，人满则骄

满招损，谦受益。

——《尚书》

清代学者李密庵在《半半歌》中写道:“酒饮半酣正好，花开半时偏妍。帆张半扇免翻颠，马放半缰稳便。”大意是说，世间的万事万物都有一个度，未达到或者超过这个度皆不宜，只有适中才最好，故有“月满则亏，水满则溢，人满则骄”。

韩信，青少年时期家境十分贫寒，经常四处讨饭，因此受尽了嘲讽。一个年轻的屠户曾经当众羞辱他:“韩信虽长得人高马大，喜欢佩带刀剑，但实际上就是个胆小鬼。”韩信被气得满面通红，说不出一句话，屠户反而羞辱得更加起劲了，指着韩信的鼻子说道：“你要是不怕死，就拿剑来刺我啊，你要是怕死，就从我的胯下爬过去。”在众人的嘲笑声中，韩信缓缓地从屠户的胯下爬了过去。

秦末农民起义爆发后，韩信成了刘邦手下的一名悍将，灭魏、徇赵、胁燕、定齐，功勋在身后韩信便开始骄傲自满，趁着刘邦被困荥阳之际，向刘邦提出称王的要求，刘邦被迫封他为齐王。

刘邦称帝后，韩信被改封为楚王，他却联合钟离眛准备谋反，不料被刘邦识破，因此被贬为淮阴侯，使韩信愈发不满。

一天，刘邦与韩信闲谈，评论朝中各个将领的才能，韩信对这些将领一顿贬损，刘邦笑着问道：“依你看，我能带多少兵马呢？”韩信回答：“您能带十万兵马。”刘邦又问：“那你呢？”韩信不假思索地回答：“当然是越多越好啊！”仅此一事，就将韩信的狂妄、自满暴露得一览无余。

俗话说“天狂必有雨，人狂必有祸。”韩信的狂妄、不可一世，最终招来了杀身之祸。公元前196年，韩信假装生病，表面

上不跟刘邦讨伐陈豨，却暗地里派人到陈豨住处，打算与陈豨勾结谋反，刘邦的妻子吕后设计杀了韩信。

人的一生，不可能永远处在巅峰期，也不可能一直停留在低谷期，就像钟摆一样，在低谷与巅峰之间反复，处在低谷期时，不气馁、不放弃，默默努力；处在高峰期时，保持清醒头脑，莫忘乎所以，以免乐极生悲。

“满招损，谦受益。”意思是说，骄傲自满招致损害，谦虚谨慎则得到益处。古代鲁国之君有一种放在宗庙中的欹器，这个欹器有一个特点，就是它不盛一点水时，只能斜着放，无法摆正，称为“虚则欹”；只有在容器中注入一定量的水时，它才能端正地摆放，称为“中则正”；容器中装满水时，就会翻倒，称为“满则覆”。

鲁国的国君将这个容器放在宗庙里，意在提醒自己，万事万物皆过犹不及，适可而止，方能及时止损。时至今日，这仍是指导人们工作和生活的大智慧。

守嘴不惹祸，便是人生好修行

君子欲讷于言而敏于行。

——《论语》

古人云：“福生有兆，祸来有端。情莫多妄，口莫多言。”这句话的意思是说：福祸的降临是有迹可循的，情不能过度妄言，嘴不能胡乱说话。也就是我们常说的祸从口出，我们的口舌往往是福祸之源，有的人即便是用锥子扎破舌头，依然是生姜改不了辣气——本性难移。

北周时期，贺若敦官拜中州刺史，镇守函谷，自认为功勋卓越，应得到更高的赏赐，特别是看到和自己同辈的都是大将军，唯独自己不是时，更加愤愤不平，牢骚满腹，一股脑儿地将自己的怨气都给了朝廷的使者。晋公宇文护知道后大怒，召贺若敦回朝，逼他自杀。贺若敦在临死前，用锥子扎破了儿子贺若弼的舌头，警示儿子为官切莫多言。

贺若弼很快就把父亲的遗言当成了耳旁风，隋文帝建立隋朝后，贺若弼领军南征南陈，立下赫赫战功，功勋在身，他便开始膨胀，对朝廷上的事指手画脚，说隋文帝任用的宰相都是饭桶。

隋文帝怜惜他的功劳，革除了贺若弼的功名与官爵，但可以免他一死。一年后，又为他恢复爵位，但担心他的为人，不再任用。

有了父亲的前车之鉴，又有自己的切身之痛，按理说贺若弼应该守紧嘴巴了，可事实呢？有一年隋炀帝北巡至榆林，命人制作一顶可容纳数千人的大帐篷，以招待人。贺若弼认为太奢侈，与其他人私下议论。很快，隋炀帝就听说了这件事，便直接以“诽谤朝政”的罪名砍了贺若弼的脑袋。最终，贺若弼还是落得和他父亲一样的下场。

贺若敦、贺若弼父子的悲惨下场，令人唏嘘不已。当今的“键盘侠”就是一个典型，他们张口仁义，闭口道德，站在道德的制高点上品头论足，抨击时弊，看什么都不顺眼，见谁都想鸡蛋里挑骨头，在网络上大放厥词。

网络不是法外之地，散布谣言，受到法律制裁的事例屡见报端，不胜枚举，可总有人步其后尘，这是为什么呢？这样的人主要有三种心理：

一是自我感觉良好。因为发表一些犀利的语言，感觉自己很厉害。

二是抬高自己，贬低别人。为表现自己的优越性，故意攻击、诋毁别人，以此来抬高自己。

三是发泄情绪。因生活中的压力和不如意，将不良情绪发泄在网上，通过抨击别人，获得心理上的满足。

“君子欲讷于言而敏于行。”这句话的意思是说，君子说话要谨慎，但行动要迅速敏捷，意在提醒人们要注重实际行动，切勿信口开河，当心言多语失，但是办事情一定要坚决果断，雷厉风行，以免因优柔寡断，错失了良机。

抱怨满腹，伤人伤己

不怨天，不尤人。

——《论语》

人生不如意之事十之八九，遇到不如意的事，在自己家里抱怨几声，这是人之常情，但是，如果不分场合，将自己的满腹抱怨倾泻而出，恐怕就会误了大事。唐代诗人孟浩然，就因为牢骚满腹，与大好前途失之交臂，终其一生，只是一介布衣。

王维与孟浩然是好朋友，但成名比王维要晚很多，四十岁的时候，他曾去长安应考，结果没有考中。据《新唐书》记载：一天王维邀请孟浩然到自己的住处谈论诗文，两人相谈甚欢之时，唐玄宗突然驾到，孟浩然被吓得够呛，情急之下，钻到了床底下。

被发现后唐玄宗不仅没有生气，反而高兴地说道："我早就听说过此人，可是从来没见过，今日正好一见。"这对于孟浩然来说，是绝佳的展示才华的时刻，他写了那么多名篇，随便吟诵几首，可能就会深得唐玄宗的赏识，被赐个一官半职，可是接下来孟浩然的一通操作，却令人大跌眼镜。

孟浩然颤颤巍巍地从床底下爬出来之后，向唐玄宗一连跪拜了两次，唐玄宗让他吟诵一首最近写的诗，孟浩然吟诵了《岁暮归南山》:“北阙休上书，南山归敝庐。不才明主弃，多病故人疏。白发催年老，青阳逼岁除。永怀愁不寐，松月夜窗虚。”

抱怨是一种解压方式，抱怨者并非有意怪罪别人，只是感觉到内心压力大。

听完这首诗，唐玄宗认为孟浩然所吟意有所指，便下旨放孟浩然回到终南山，孟浩然的仕途之路也就此走到了终点。

原来，这首诗是四十岁的孟浩然长安应进士举落第后所创作，当时他的心情十分苦闷，便写了此诗以发泄怨悱之情。这首诗从字面上看是孟浩然自责自怪，实际上是满腹牢骚、怨天尤人，说自己怀才不遇，世上没有识别他这匹千里马的伯乐，难怪唐玄宗听后会十分不悦。

世间没有绝对公平的事情，人生也没有那么多顺心顺意的事情，抱怨除了徒增烦恼，什么都改变不了，这个道理不难懂，可是，为什么还有那么多人爱抱怨呢？

首先，抱怨是一种宣泄情绪的方式。当我们遇到挫折或者不如意的时候，会产生不满与愤怒的情绪，但有时又不便表达出来，就会通过抱怨来宣泄积压在心中的不良情绪，以此来减轻内心的压力。

其次，抱怨是自我要求高的表现。有的人追求完美，当发现自己哪方面没有做到尽善尽美，就会唠叨、抱怨，以此来发现自己的不足，从而让自己变得更加优秀。

“牢骚太盛防肠断，风物长宜放眼量。”过度抱怨会让我们心情沮丧，不仅不利于解决问题，还有损身心健康。如果你是因为压力过大导致牢骚满腹，不妨改变一下宣泄方式，运动健身就是不错的选择。人生没有尽善尽美之事，不要苛求自己做到完美，尽力而为，或许你的生活会变得更亮堂。

凡事忍一忍，事过皆如烟

小不忍，则乱大谋。

——《论语》

提到“忍耐”，也许很多人都会嗤之以鼻，认为忍耐就是无能，就是懦弱。其实不然，《论语》中有这样一句话:“小不忍，则乱大谋。”告诉我们在小细节上如果不能忍耐，就可能导致全盘失败。

西楚霸王项羽，身长八尺，力大无穷，可拔山扛鼎，在巨鹿之战中，杀死主将宋义，亲自领兵，破釜沉舟，击败秦军主力，又在彭城之战中，在半日之内以三万骑兵击溃了汉军的五十六万之众，歼灭了刘邦的主力，创造了神话般的战绩。

然而，世上无常胜将军。刚强勇猛的项羽遇上了擅长治军、兵团作战的韩信，韩信以优势兵力，将项羽围困于垓下，四面楚歌，草木皆兵，楚军人心涣散，溃败而逃。

项羽率领部下突围，行至乌江渡口，他本可以渡江，逃过此劫，重整旗鼓，卷土重来。但是，项羽心高气傲，觉得有愧于江东父老，无颜回江东，故横剑自刎。

如果项羽没有在乌江自刎，而是忍辱负重回到了江东，然后励精图治，或许西汉的历史将会改写。项羽输在了忍耐上，相反，越王勾践赢在了忍耐上。

事情还得从公元前494年说起，在夫椒之战中，吴国打败了越国，越王勾践被俘虏到了吴国，做了马夫，日夜侍候马匹。从高高在上的一国之君，沦为阶下囚，又做了马夫，几人能承受这么大的落差呢？其中的苦楚自然不必多说。

春秋末年，越王勾践每天晚上都会睡在柴草上，临睡前，还会用舌头舔一舔苦胆，尝一尝苦味，以此来提醒自己不要忘记过去的屈辱。

卧薪尝胆

越王勾践不动声色，暗下决心，一定要恢复自己的国家。所以，他表现得非常顺从，不仅老老实实地喂马，还装出对吴王夫差忠心耿耿的样子，亲自给吴王驾驭马车，吴王夫差以为勾践真心归顺了，便让勾践回到了越国。

回国后，勾践亲自耕种，和百姓同甘共苦。为了让自己牢记在吴国的那段屈辱，卧薪尝胆，经过二十年的励精图治，越国终于强大了起来，在吴国没有防备的情况下，勾践率领兵大败吴国，夫差羞愧难当，伏剑自刎。

古人也好，今人也罢，忍耐都是必修课，放纵自己，也许就意味着灾祸。有多少人因为一时冲动，酿成了无法挽回的悲剧！你若不信，看看那些活得好、活得有出息的人，哪个不是吃得了苦，受得了累，承受得了委屈呢？

当然，学会忍耐是一个复杂的过程，是有方法和技巧的。如果你此时此刻正在经历困难或者不愉快，不妨逆向思考，问问自己如果任意为之，可能会产生什么样的结果，这个结果是自己能够承受得了的吗？这种思考可以帮助你更好地理理解忍耐的价值。

一个唾沫一个钉

言必信，行必果。

——《论语》

诚信是做人之本，守信是立业之基。失信于人，就等于毁掉自己。周幽王为博得宠妃褒姒一笑，烽火戏诸侯，丧失了国君的威严，也失去了诸侯的信任，最终周幽王被犬戎所杀，导致国家灭亡。

公元前686年，齐襄公派大臣连称、管至父到葵丘驻守，约定一年后，再派人去替换他们。一年很快过去了，齐襄公早把当初的约定忘得一干二净，并没有派人去替换他们。连称和管至父请求替换，齐襄公不允许。连称和管至父见齐襄公不守信用，非常气愤，于是，策划了叛乱，杀死了齐襄公。

春秋时期，鲁哀公身边有一个大臣叫孟武伯，此人有一个坏毛病就是说话不算数，出尔反尔，令鲁哀公很反感。

一天，鲁哀公宴请群臣，宴席上，孟武伯看到与自己素来不和的郭重也来了，心里很不痛快。郭重长得很胖，看上去十分憨厚，深受鲁哀公的器重，所以，孟武伯很嫉恨他。

“郭先生，最近胃口不错吧？您每天吃几碗饭啊？看您是越来越胖了。”孟武伯嘻嘻哈哈地说道。在大庭广众之下，这样被人嘲笑，郭重的脸一下子红到了脖子根，不知如何回答。

就在这时，鲁哀公忽然发话了。他说道：“一个人发胖的原因有很多，有的人常会吃掉自己说过的话，也会胖起来。”话音刚落，群臣便哄堂大笑，因为他们都知道这是在嘲笑孟武伯不信守承诺，这就是成语“食言而肥”的由来。

在现实生活中，有的人说一万句话，也没有人会相信他一句；有的人只说一句，别人就相信了，这是因为前者言行不一，后者“言必信，行必果”。

俗话说“一个唾沫一个钉。”承诺别人的事情就一定要做到，这样才能有威信。鸟惜羽毛，人爱名声。随意践踏自己诺言的人，不仅会缺乏责任感，也会给别人留下不好的印象。一个人对自己的言行都不负责，何谈对他人负责呢?

思考百步，不如行动一步

坐观垂钓者，徒有羡鱼情。

——孟浩然《望洞庭湖赠张丞相》

每个人都曾有过雄心壮志，但是最终能如愿以偿的寥寥无几，是因为前路太艰险，难以继续吗？

其实不然，很多人可能都只停留在行动之前，没有跨过想要和得到之间的鸿沟——行动，就像孟浩然在《望洞庭湖赠张丞相》中写到的那样："坐观垂钓者，徒有羡鱼情。"意思是说闲坐观看别人辛勤地临河垂钓，可惜自己只能空怀一片羡鱼之情。

赵括是赵国大将赵奢的儿子，赵奢曾以以少胜多打败入侵的秦军而扬名。赵括从小饱读兵书，谈起军事，无人能及，所以他很骄傲，认为自己天下无敌。赵奢却不看好自己的儿子，认为他不过是纸上谈兵。

公元前259年，秦军再次攻打赵国，赵国大将廉颇挂帅出征，未让秦军占到便宜。秦军知道打持久战对自己不利，就使用了反间计，派人到赵国散布“秦军最怕赵奢的儿子赵括”的言论。

赵王果然上当，遂派赵括替代了廉颇。赵括自我感觉良好，于是搬出兵书上的条文，指挥作战，结果在长平之战中，让赵军四十多万大军命丧黄泉，赵括也被秦军射中而亡，落下了纸上谈兵的千古笑话。

想得再多，不如行动一次。莫做思想上的巨人，行动上的矮子。这个道理似乎大家都明白，可是缺乏行动力是许多人需要面对的共同话题，那么，人们为什么会迟迟不愿行动呢？

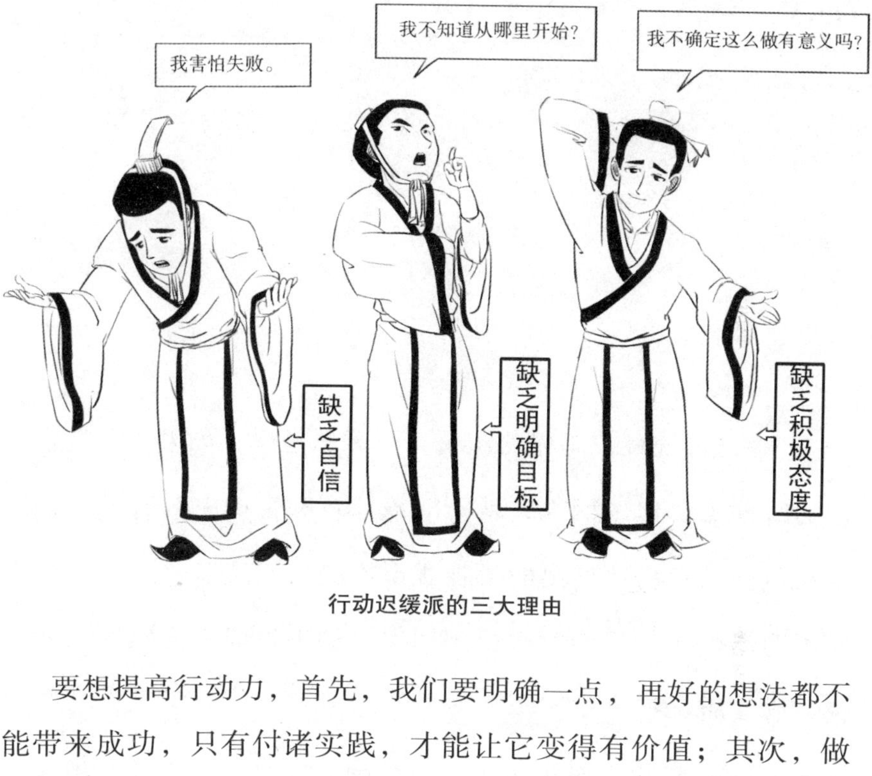

行动迟缓派的三大理由

要想提高行动力，首先，我们要明确一点，再好的想法都不能带来成功，只有付诸实践，才能让它变得有价值；其次，做一个主动的人，不要等到万事俱备再开始，永远没有绝对完美的事情，困难总会和我们不期而遇，遇到问题，积极地去解决即可。用行动克服恐惧，增强自信，怕什么就去挑战什么。现在就让我们行动起来吧！

赠人玫瑰，手有余香

舍己毋处疑，施恩勿望报。

——《菜根谭》

“舍己毋处疑，施恩勿望报。”意思是说，如果一个人在关键的时候需要作出牺牲，就不应该计较利害得失，有了计较的念头就会对自己要作出的牺牲犹豫不决，使志节蒙羞。一个人施恩惠给他人，不能指望得到回报，如果责成别人感恩，就会使善心变质。

公元前257年，秦军包围了赵国国都邯郸，赵国遂向魏国求救，魏王虽派出晋鄙带兵援助赵国，但因为害怕秦国，便命令晋鄙将军队驻扎在魏国和秦国的边境，按兵不动，观望事态的发展。

无奈之下，信陵君魏无忌让人盗取了晋鄙的兵符，拿着兵符来到魏军驻扎的地方，要求晋鄙立即出兵救赵，但晋鄙怀疑其中有诈，拒绝服从命令，无奈之下，信陵君杀了晋鄙，夺取兵权，成功解救了赵国。

之后，赵王亲自到城郊迎接信陵君，在等待赵王到来的间隙，谋士唐雎提醒赵王："人之有德于我也，不可忘也；吾有德于人也，不可不忘也。"大意是说：人家有恩于我，是不可以忘记的，我有恩于别人，是不可以时刻记在心上的。

在对别人无私付出的同时，我们的内心也会感到充盈和快乐，这就是最好的回报。

对于赵国而言，信陵君的恩德可谓戴天覆地，但他能做到一笑而过，这是怎样的胸襟与气概呢？与我们的付出没有得到别人认可或者感激相比，可谓是差若天渊，如果我们能做到用一颗平常心去看待这个问题，就不会因为别人的态度而影响自己的心情，我们的道德水平也会上升到一个新的台阶，这是一种无法用金钱衡量的价值。

第二章

爱则亲，不爱则疏

百年修得同船渡，千年修得共枕眠。今生有缘才相聚，相扶到老不容易，夫妻相处有绝技，多听老人言，感情比蜜甜，大家齐努力，幸福生活多给力。

猜疑是毁掉婚姻的一剂毒药

结发为夫妻，恩爱两不疑。

——苏武《留别妻》

苏武是汉武帝时期的中郎将，公元前100年，匈奴向大汉示好，并让曾经扣留在匈奴的汉朝使节返回了汉朝，于是，汉武帝派出苏武率领使团出使匈奴，送回被扣留在汉朝的匈奴使者。

苏武此行，路途遥远，且前路艰险，想到与爱妻要分别很长一段时间，心中无比感伤，遂提笔写下一首五言诗《留别妻》。“结发为夫妻，恩爱两不疑”，这句脍炙人口的诗句流传至今，道出了夫妻相处的真谛——勿猜疑。

古时候，有一个姓欧阳的武官娶了一个漂亮的夫人孙氏，欧阳经常要到其他地方去，一去就是数月。有一次，他刚从外面回来，就看到一个男人鬼鬼祟祟地在自家门口张望，手上还拿着一个荷包，经过盘问得知，这个男人是街口卖馄饨的小贩，受人之托，来给孙氏送东西。

欧阳心生疑窦，夺过男子手中的荷包，打开一看，里面除了一对金耳环、一对金钗外，还有一封火辣辣的情书，欧阳只感觉全身的血液都涌到了头上，他双眼冒火，像一头愤怒的狮子，咆哮着冲进了屋内。

孙氏委屈地看向欧阳，说道：“你为什么不相信我！”

不久后，欧阳一纸休书，将孙氏赶出了家门，悲痛欲绝的孙氏无处可去，欲跳河自尽，幸亏遇到一位老婆婆收留了她，让她住在一个简陋的小院里。几天后，一个膀大腰圆的壮汉闯进小院，恶狠狠地催促老婆婆还钱，老婆婆跪在地上，苦苦央求，壮汉才同意宽限几日。

孙氏感到奇怪，便问壮汉是何人，老婆婆说自己是个媒婆，收了壮汉的钱，答应给他找个漂亮的娘子，但一直未找到，壮汉遂让她返还银两。老婆婆说完将孙氏上下打量了一番，说道：“不如你就嫁给他吧，也算有个归宿，我也免去了还钱的烦恼。”孙氏思量片刻，便点头答应下来。很快，孙氏就嫁给了壮汉。

殊不知，孙氏一直被蒙在鼓里，这一切都是壮汉精心设下的一场局。壮汉发现孙氏长得漂亮，就故意让人给她送荷包，让欧阳猜忌孙氏，迫使两人分开，就连老婆婆也是他雇来的。一段美好的姻缘就这样葬送在了猜疑之中。

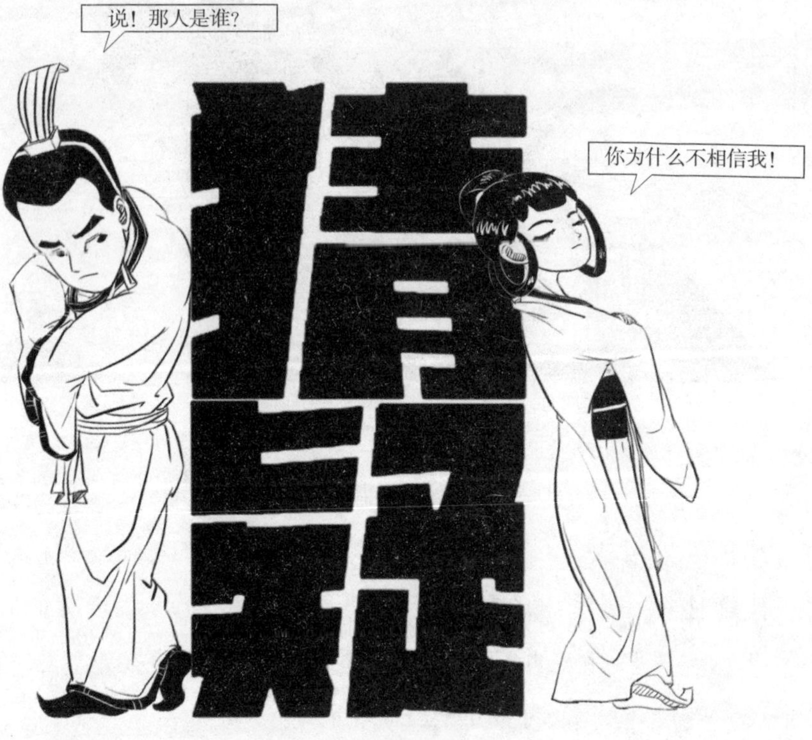

猜疑是毁掉婚姻的一剂毒药，有多少夫妻因为猜疑，将家庭搞得乌烟瘴气，使夫妻缘分走到了尽头呢？很多人在猜疑别人时，都将矛头指向了对方，其实真正的源头在于自己。

有的人因爱人比较优秀，害怕失去对方，便隔三岔五地查岗、翻阅手机，这说明他对自己不够自信，在他的潜意识里会认为自己没有资格得到这份爱，自己不值得被爱。一旦一个人心里产生了这样的自我预期目标，他的任何想法都会指向这个结果。通常来说，自卑越重，猜疑心越强，越容易胡思乱想。对于被猜疑的一方，或许会感到委屈。其实大可不必，这恰恰说明他（她）在乎你，他（她）的这些行为无非是想获得更多的爱，想从你这里获得更强的安全感。所以，有时应换位思考。

要避免猜疑影响夫妻感情，夫妻之间就应打开天窗说亮话——直言不讳。现代生活节奏快，生活压力大，人们没有太多时间放在内耗上，心中有疑虑，就应该表达出来，让对方知道你担心什么、在意什么。

给对方留面子，就是给自己面子

堂前教子，枕边教妻。

——《朱子家训》

“堂前教子，枕边教妻”是《朱子家训》中一句经典的古训。“堂前”指的是正房的前面或者大厅，代表的是公开、严肃，“枕边”指的是“背后”，代表的是隐私和尊重。所以，这句话的意思是说，孩子犯错后，要当着众人的面，严肃地指出他的错误；如果是妻子犯了错误，就不要当着众人的面批评她，而是应在无人的地方悄悄地指出来，不要伤了妻子的自尊心。夫妻之间保留了面子，就是守住了婚姻的“里子”。

西汉时期，京兆尹张敞是长安城中出了名的模范丈夫，每天都会给妻子画眉毛。据说是因为他的妻子年幼时受过伤，眉角处有缺点，以此来遮掩脸上的瑕疵，以免伤害妻子的自尊心。

一些好事的人认为张敞太儿女情长，便将此事告诉了汉宣帝。汉宣帝问张敞是否有此事，张敞回答说：“我听说闺房之内，夫妻之间亲昵的事情，有比描画眉毛更过分的事情。”

汉宣帝便没有责备他。张敞与妻子的故事成了夫妻恩爱的典范，张敞画眉也成为一则典故流传千古。

苏洵的妻子程夫人也是一位善解人意、懂得给丈夫留面子的好妻子。程夫人刚嫁到苏家的时候，苏家的日子并不富裕，出身豪门的程夫人毫无怨言，这令苏洵感到奇怪，便问妻子为什么愿意和自己过苦日子，不肯向娘家寻求帮助？

程夫人回答："我只要张口，爹娘一定不肯让我受苦，但这样会让我的丈夫被人耻笑，说他靠人资助养活妻子，会伤了他的自尊心。”苏洵听后，羞愧难当，从此认真读书，立志考取功名。

夫妻是最亲密的关系，如果我们都对对方恶语相向、冷嘲热讽，那么，别人怎么会看得起你的妻子（丈夫）呢?

因此，夫妻之间要相互维护对方的形象和尊严，给足对方面子，除了不当众数落对方外，还应做好以下几个方面。

第一，孝敬对方的父母，善待对方的亲友。

婚姻维系的不是两个人的关系，而是两个家庭，乃至两个家族的关系。当你决定与对方携手共度一生后，就要对他和他的家人友善，逢年过节，一定要孝敬对方的父母、善待他的亲友，必要的家宴一定要参加。

第二，常在父母面前夸奖对方。

谁都有缺点，但不是什么缺点都要让外人知道。如果妻子经常在娘家抱怨自己的丈夫不争气，丈夫经常在自己的父母面前埋怨妻子懒惰、爱花钱，这是在点燃家庭矛盾的导火索。相反，若夫妻经常在父母面前夸奖对方，不仅有助于增进夫妻感情，还能改善婆媳关系，提高丈夫在娘家的地位。

第三，切勿说对方父母的是非。

父母是我们的亲人，谁都接受不了别人对自己的父母指指点点，哪怕是自己的妻子（丈夫）。即使老人的确做错了事，和妻子（丈夫）谈及此事时，也要考虑对方的感受，注意说话的方式、方法，让对方感受到你是在关心老人，而不是指责他们。

贫穷是婚姻最大的敌人

贫贱夫妻百事哀。

——元稹《遣悲怀三首》

元稹的原配妻子韦丛是太子少保韦夏卿的幼女，她贤良淑德，知书达理，虽然元稹当时还没有考取功名，只是一个穷书生，但是韦丛并不嫌弃他，愿意下嫁给他。婚后，韦丛跟着元稹吃了不少苦，但是韦丛毫无怨言，与元稹不离不弃，相濡以沫。

然而，这对才子佳人并未能执子之手，与子偕老。在他们婚后的第七年，长期艰苦的生活条件让韦丛身染疾病，不幸病故。元稹病痛万分，写了不少悼念亡妻的诗作，其中最有名的就是《遣悲怀三首》。

“贫贱夫妻百事哀。”就出自《遣悲怀·其二》。“昔日戏言身后事，今朝都到眼前来。衣裳已施行看尽，针线犹存未忍开。尚想旧情怜婢仆，也曾因梦送钱财。诚知此恨人人有，贫贱夫妻百事哀。”这首诗表达了元稹对亡妻韦丛深深的思念，想到妻子生前与自己在一起吃了很多苦，如今自己飞黄腾达了，妻子却离开了，越发觉得对不起妻子，越发悲伤。

结婚意味着青年男女要脱离原生家庭，组建一个小家庭，他们不仅要经营好自己的小家，还要照顾好双方的父母，抚养孩子，同时也意味着肩头上的担子重了。

若没钱给孩子买奶粉，没钱支付老人生病住院的费用，生活质量还有保障吗？生活还会过得风平浪静吗？于是，就会在很多事情上发生争吵，这种生活状态会让人感到痛苦，毫无幸福可言。

当然，比起物质的匮乏，更可怕的是精神上的贫穷。夫妻一方不思进取，得过且过，就会让上进的一方感到生活无望，对婚姻感到失望，就可能使两人分道扬镳。

俗话说得好，夫妻同心，其利断金。夫妻齐心协力，无论遇到多大的困难，都积极地想办法解决，努力经营好自己的小家，过上好日子只是迟早的事。

所以说，若要婚姻幸福，爱情甜蜜，需要夫妻共同努力，提高物质生活质量。当然，幸福并不是完全由物质决定的，还需要精神的支撑，只谈物质或者精神，都失之偏颇。

秧好一半谷，妻好一半福

贤妇令夫贵，恶妇令夫败。

——《增广贤文》

俗话说“秧好一半谷，妻好一半福。”意思是说，优良的秧苗，能提高谷子一半的产量；一个男人如果娶到一个贤惠的妻子，那么，他的后半生会非常有福气。北宋文学家苏洵遇到程夫人就是他一生的幸运。

提到苏洵，很多人会想到他身上耀眼的标签：唐宋八大家之一；著名诗人苏轼、苏辙的父亲，却很少有人知道他年轻的时候是一个浪荡的公子哥，因为娶了程夫人，让他改邪归正，成为有志青年。

程夫人出身名门，知书达理且家世显赫，苏洵因先祖苏味道曾在武则天期间担任过宰相，虽然家底不厚，但在眉州也算是响当当的人物，所以两人的结合也称得上门当户对。因苏洵不务正业，所以，常受到程家人的奚落，大舅哥程浚就曾用“程家座上无闲人，往来无白丁”来羞辱他。

苏洵早年不喜欢读书，常和朋友游山玩水，把酒言欢。程夫人一直对丈夫十分包容和体贴，渐渐地，苏洵被感化了，决定发愤图强，考取功名。为了支持丈夫，程夫人卖掉了陪嫁，筹集钱款，做起了丝绸生意，没几年苏家的日子就富裕起来了，解决了苏洵的后顾之忧。

一年，晋献公在攻打骊戎时，俘虏了骊戎国君之女骊姬，纳入后宫，立为夫人。骊姬虽然姿色艳美，但心肠十分歹毒，生下儿子奚齐后，想方设法要奚齐继承国君之位，于是，开始设计铲除潜在的竞争对手。

晋献公的儿子中，太子申生、公子重耳和夷吾最为优秀，骊姬经常给晋献公吹耳边风，想说服晋献公让太子申生攻打戎狄，一旦申生战死，就为立奚齐为太子提供了可能，不过，骊姬未能如愿，申生平安归来。

于是，骊姬又生一毒计，在晋献公的肉中下毒，并嫁祸给申生，最终申生含冤而死。之后，骊姬又把矛头对准了重耳和夷吾，两位公子被迫逃离都城，流亡在外，使晋国彻底走向动乱，史称骊姬之乱。

苏洵与晋献公的经历，佐证了《增广贤文》中的一句话："贤妇令夫贵，恶妇令夫败"，这句话的意思是说，贤惠的妻子会让丈夫有自信、有地位，会协助丈夫建功立业，恶毒的妻子会让丈夫自毁前程。

那么，什么样的女人是贤妻呢？每个人对贤妻的评判标准都不一样，但有两点非常重要。首先，她必须心地善良，善良的女人会守住道德底线，操持好家庭。其次，她必须通情达理，夫妻之间难免会有些磕磕碰碰，妻子通情达理，即便是发生争吵，也能好好沟通，让家庭更温暖，更和谐。

举案齐眉，相敬如宾

夫妻相和好，琴瑟与笙簧。

——《增广贤文》

夫妻关系是家庭中的核心关系，决定了一个家庭的幸福与否。所以，在幸福的家庭中，夫妻之间一定是和睦相处，恩爱有加的。那么，夫妻之间如何做到和睦相处呢？我们不妨学一学梁鸿和孟光的相处方式。

梁鸿与孟光是东汉人，梁鸿是博学多才、品德高尚的美男子，孟光是又黑又胖的女汉子，力大无比，能举起石臼，两人的结合与郎才女貌、才子佳人毫不沾边。

孟光刚过门的那几天，每天都精心打扮自己，可是梁鸿对妻子爱答不理。原来梁鸿心目中理想的妻子是能够和他同甘共苦，一起到深山劳作，过悠闲的隐居生活的人，他见妻子每天都如此讲究，认为自己看错了人。

孟光得知原因后，不仅没有生气，反而很高兴。她拿出早就准备好的嫁妆——布衣、麻鞋、箩筐、织布的工具，与梁鸿进入霸陵山，以耕织为业，以诗琴自娱，过着神仙眷侣般的幸福生活。

夫妻俩每天一起劳作，回家之后，孟光会把饭菜准备好，放在托盘里，双手捧着托盘，举得和自己的眉毛一样高，恭敬地

送到梁鸿面前，梁鸿高兴地接过来，对孟光表达感激之后，两人愉快地进餐。

《增广贤文》中有言："夫妻相和好，琴瑟与笙簧。"大意是说，夫妻之间和睦相处，就像琴瑟与笙簧一样音韵和谐。梁鸿与孟光就好比琴瑟与笙簧，二人相处得十分和谐，令人羡慕。

每对夫妻都有自己独特的相处方式，要使夫妻关系和谐，有两点需要特别注意。

首先，夫妻双方要有共同的目标。当夫妻双方为共同的目标奋斗时，会更加密切地合作，相互支持与鼓励，这会让他们的关系更加稳定、更加牢固，通过努力实现目标后，他们的婚姻关系会更加和谐，也会更加幸福。

其次，夫妻双方要彼此尊重。不同原生家庭的人组合在一起，会存在一定的差异，只有相互沟通、彼此理解，才能确保夫妻关系和谐，但这些都需要建立在彼此尊重的基础上。只有这样，双方才能敞开心扉，真诚地交流，增进夫妻感情。所以，好的婚姻都是互相尊重的，夫妻永远不能独断专行。

床头吵架床尾和

莫骂酉时妻，一夜受孤凄。

——《增广贤文》

夫妻生活在一起，必定有观念不一致、习惯不同等情况发生，夫妻争吵是常有的事情。其实，吵架并非全是坏事，也是一种沟通方式，但应注意不要吵过了头，否则，就可能真的过不到头了。

蔡姬是蔡穆侯的妹妹，齐桓公成为霸主后，蔡穆侯为巴结他，就将妹妹蔡姬嫁给了齐桓公。有一天，齐桓公与蔡姬泛舟，蔡姬很调皮，故意撩起湖水泼向齐桓公，船也跟着晃动起来，齐桓公不懂水性，很怕水，便大声斥责蔡姬。

或许是蔡姬正在兴头上，不仅没有停下来，还越玩越过火，她半蹲在船上，使劲地晃动着船身，把齐桓公吓得脸色惨白，紧紧地抓着船帮，不敢动弹一下。船靠岸后，齐桓公便让人将蔡姬送回了蔡国。

蔡穆侯见妹妹被齐国给撵了回来，又气又恼，没过多久，就将妹妹改嫁他人。其实，齐桓公只是和蔡姬赌气，并没想真的休了她，没想到蔡穆侯让蔡姬改嫁了，这让齐桓公颜面尽失，于是率领诸侯联军讨伐蔡国。

夫妻吵架竟然上升到两个国家之间的战争，这算不算是夫妻吵架的天花板呢？虽然平常夫妻不会引发这么严重的后果，但是不正确的吵架方式，会伤害夫妻感情是毋庸置疑的。

所以，古人很早就制定了夫妻吵架“指南”。《增广贤文》中有这样一句话：“莫骂酉时妻，一夜受孤凄。”“酉时”是指每日十七时至十九时，这里泛指晚上，意思是说，不要在晚上和妻子吵架，否则一夜都睡不好，会感到孤寂凄凉。

齐桓公因蔡姬改嫁，率兵将蔡国打得落花流水。

这句话还暗含另外一层意思，就是夫妻吵架要速战速决，不能持续时间太长；晚上不宜吵架，是因为易生隔夜仇。故俗语有言：“夫妻吵架，床头吵床尾和。”实际上，偶尔的争吵比回避对方而慢慢变得麻木要好得多，不过，吵架得有科学的方法，要懂得一些禁忌。

第一，就事论事。

原本因为一件小事发生争吵，但吵来吵去，就变成了人身攻击，将问题扩大化，这就会使战火越烧越旺，战线越拉越长。

第二，禁止翻旧账。

夫妻吵架的目的是针对当前遇到的问题，找到解决方法，而不是把过去发生的事情全都翻出来，再吵一遍，这就有些无理取闹了。

第三，禁止冷战。

比起争吵，冷战更伤夫妻感情，因为争吵意味着大家还想沟通，还想解决问题，冷战则代表着回避问题，表现出的是对对方或者对这件事漠不关心。

处理好以上三个问题，才能有效沟通，解决问题。

小别胜新婚，离别情更深

两情若是久长时，又岂在朝朝暮暮。

——秦观《鹊桥仙·纤云弄巧》

在天愿作比翼鸟，在地愿为连理枝。长相厮守是我们理想中爱情的样子，但生活不是童话，有多少夫妻为了家庭、为了孩子，丈夫在外打拼，妻子在家照顾老人和孩子，过着两地分居的生活呢？

俗话说“小别胜新婚，离别情更深。”若彼此深爱，又怎会因暂时的分别而使感情变淡呢？

乐昌公主是南朝陈宣帝的女儿，她不贪恋侯门贵族，独重有真才实学的人，下嫁给了太子舍人徐德言，成了让人羡慕的才子佳人、神仙眷侣。然而，造化弄人，这对恩爱夫妻却因为战乱被拆散，杨坚建立隋朝后，消灭了陈国，南陈的皇帝陈叔宝及其皇族们都被押到隋朝的国都长安。与丈夫分别前，乐昌公主将一面铜镜一分为二，将其中的一半塞给丈夫徐德言，作为日后相见的信物。

每年的正月十五，乐昌公主与徐德都会在长安街头叫卖铜镜，直到找到对方为止。

到达长安后，乐昌公主被赐给隋朝丞相杨素为妾，尽管身在丞相府，但她心里始终没有忘记徐德言，而徐德言也常常思念妻子，时局稳定后，便北上寻找爱妻。

乐昌公主与徐德言约定，每年的正月十五，都会在长安街头叫卖铜镜，直到找到对方为止。

时光荏苒，日月如梭，一晃两年过去了，乐昌公主每年正月十五都会让人在长安街头叫卖半面铜镜，但始终没有徐德言的消息。第三年的正月十五，徐德言凭借另外半面铜镜，与乐昌公主再次重逢，两人泪眼相望。

杨素在了解了乐昌公主与徐德言的故事后，决定忍痛割爱，成人之美，让这对有情人破镜重圆，再续前缘。后来，徐德言与乐昌公主回到了江南，过上了只羡鸳鸯不羡仙的隐居生活。

相比乐昌公主与徐德言的经历，那些因生活、工作等原因暂时分开的夫妻又算得了什么呢？其实夫妻短暂的分别并不是坏事。相比乐昌公主与徐德言的经历，那些因生活、工作等原因暂时分开的夫妻又算得了什么呢？其实夫妻短暂地分别并不是坏事。

乐昌公主与徐德言久别重逢。

爱情通常由三个基本成分组成：激情、亲密和承诺。

激情：爱情中的性欲成分，彼此相互吸引。

亲密：让彼此感到温暖的体验。

承诺：维持夫妻长久关系的保障。

那些每天生活在一起的情侣、夫妻，激情会逐渐消退，关系也不如当初那样亲密，剩下的只有对彼此的承诺，时间一长便会感觉感情生活平淡，进入情感倦怠期，短暂的分别将有助于重新唤起激情，让夫妻关系更加亲密，故有“小别胜新婚”一说。

总之，距离不是影响夫妻感情的决定因素，长期分居的夫妻应相互理解和信任，经常保持通话和联系。处在交通如此便捷的时代，应时常创造条件相聚，让夫妻感情更加深厚与甜蜜。

恩爱夫妻永不散

执子之手，与子偕老。

——《诗经》

婚姻是一份承诺，当我们承诺相互守护一生时，就应该承担起夫妻之间应有的责任，共同面对生活中的种种苦难。当感情遇到危机时，莫忘曾经的同甘共苦，那些陪你走过风雨的人，才是最适合你的人。执子之手，与子偕老。

西汉时期，卓文君生于大户人家，父亲卓王孙是冶铁大亨，她却嫁给了一贫如洗的司马相如，司马相如好辞赋，弹得一手好琴，是个才华横溢的有志青年。

司马相如与卓文君相识于一场宴席，二人一见钟情。卓王孙得知女儿与一个穷书生私奔后，暴跳如雷，但同时他又抱有一丝幻想，认为女儿过不了多久，就会自己回来，因为女儿从小娇生惯养，肯定吃不了苦。不过，他低估了卓文君对爱情的忠贞。

为了生活，卓文君与司马相如买下一个小酒馆，做起了酒水

司马相如与卓文君私订终身。

生意，每天天不亮，二人便要早早地起床，开始一天的忙碌，司马相如穿着犊鼻裈在闹市中洗涤酒器，卓文君则站在垆前卖酒。冶铁大亨的女儿竟然在大街上卖酒，这成了街头巷尾人们议论的焦点，无奈之下卓王孙只好认下这门亲事。

真正爱一个人，无关贫富与美丑，只跟欣赏有关，与喜欢相连。司马相如家境贫寒，而卓文君出身名门，她为了爱，可以不顾家庭的反对，放弃荣华富贵，毅然决然地与司马相如私奔。两人私奔后，生活一度十分贫困，卓文君却没有半点怨言，与司马相如共同面对，甚至放下身段，亲自卖酒维持生计，可见她对司马相如爱之深。

后来，司马相如得到汉武帝的赏识，飞黄腾达，但他对卓文君始终如一，没有因为身份的改变，就改变了对妻子的爱。

第三章 子不教，父之过

父母是园丁，孩子如幼苗，培养得宜，方能发芽滋长，反躬自己，言传身教，用心陪伴，情洒家庭，孩子定能健康成长。

吾日三省吾身

育人先育己，立德先立人。

——《礼记》

父母是孩子的第一任老师，孩子的言行举止，往往都会打上父母的烙印，品行端正的父母带给孩子一生的财富，品行不端的父母则会带给孩子一生的灾难。

陶侃年幼丧父，家境贫寒，与母亲湛氏相依为命，湛氏鼓励儿子多读书，并用忠顺勤俭的美德熏陶儿子。长大后，陶侃在

浔阳做了一名主管渔业生产的小官，有一次，他的部下见陶侃日子过得清贫，就从鱼品腼制坊拿出一坛糟鱼送给他。

陶侃很孝顺，自己舍不得吃，就托人给母亲送了过去。收到糟鱼后，湛氏很高兴，就随口问送鱼的人："在浔阳这一坛糟鱼要多少钱？"送鱼的人摆摆手，说道："这还用花钱吗？去下面的作坊拿就是了。"

得知糟鱼的由来后，湛氏脸色阴沉，拒绝收下糟鱼，并给陶侃写了一封信，严厉地批评了儿子。陶侃收到信后，万分愧疚，自感对不起母亲的教诲，从此更加严格地要求自己，后来，陶侃成为一名廉洁勤政的好官，为百姓所称赞。

与陶侃相比，方仲永就没有那么幸运了。方仲永是散文《伤仲永》中的主人公，他家中世代以耕田为业，五岁之前，都不曾认识书写工具。忽然有一天，方仲永哭着向父母索要这些东西，他的父亲虽然感到很诧异，但还是向邻居借来了这些东西。

方仲永提笔写下了一首诗，并题写上自己的名字，家人及乡邻们都非常震惊。从那以后，不论是谁用指定事物让方仲永作诗，他都能顺利完成，并且诗的文采出众，揭示的道理深刻，使他名声大噪。渐渐地，大家都以宾客之礼对待方仲永的父亲，有不少人花钱来请仲永写诗。方仲永的父亲觉得这是一个发财之道，便天天带着儿子四处拜访，不让他学习。

一晃几年过去了，方仲永已经十二三岁了，再叫他作诗，写出来的诗大却不如从前，他的名声大跌。又过了七年，方仲永就已经和普通人没有什么区别了。

方仲永的聪慧是先天得到的，他的天赋比一般人要优秀很多，但最终为何成为一个平凡的人呢？这是因为他后天未能接受很好的教育。他的父亲目光短浅，没有意识到让儿子继续学习的重要性，而是把儿子当成摇钱树，带着儿子四处赚钱，从而葬送了方仲永的美好前途。

《礼记》有言：“育人先育己，立德先立人。”意指要先从培养自己开始，以自身的品德出发，为孩子树立榜样，让他们去效仿。

现在有不少家长把家庭教育看作是单纯地“改正孩子”，殊不知，孩子的问题根源往往在家长身上。所以，有人戏言：“孩子有病，家长吃药”。是说教育孩子，首先要教育自己。首先，家长要时刻反思自己的言行，找出问题的根源，才能解决好孩子的教育问题；其次，家长要保持持续学习的态度，时刻反思、改变和提示自己，只有不断自高自我素养和能力，才能跟得上孩子成长的步伐，才能陪伴孩子健康成长。

三岁看大，七岁看老

——《菜根谭》

《菜根谭》中有这样一句话：“子弟者，大人之胚胎，秀才者，士夫之胚胎。此时若火力不到，陶铸不纯，他日涉世立朝，终难成个令器。”这句话的意思是说，孩子就是大人的雏形，秀才学子就是官员的雏形。如果在早期的时候，没有达到磨练的火候，就会像火力不够的陶铸一样含有杂质，等到有一天走上社会，或者为官，都将难以成大器。

正所谓“小树儿要剪，小孩儿要管。”教人一定要从幼儿抓起，幼儿就好比幼苗，必须培养得宜，方能发芽滋长。倘若幼年受了损伤，长大就很难成才。

北齐文宣帝高洋从小相貌平平，与自己高大威猛的兄弟相比，显得有些丑陋，从小就不受父母的待见，他的哥哥高澄，聪慧过人，严明有大略，具备政治天赋，深得父亲高欢的喜爱和栽培。或许是因为受到父母冷落的缘故，高洋在家中还常常受到兄弟们的欺负，因从小未体会到家庭的温暖，导致高洋的性格内向自卑。

后来，高澄死了，一直隐忍的高洋像换了一个人一样，变得疯狂、自大。当他把想当皇帝的想法告诉母亲娄昭君时，却遭到了娄昭君的嘲弄，她说道："你的父亲像一条龙，你的哥哥像一只虎，都不敢妄想皇帝的宝座，你怎么敢有这种想法呢？"在娄昭君的眼里，高洋是一个软弱的人，难堪大任，她始终没有肯定、欣赏过自己的小儿子高洋。

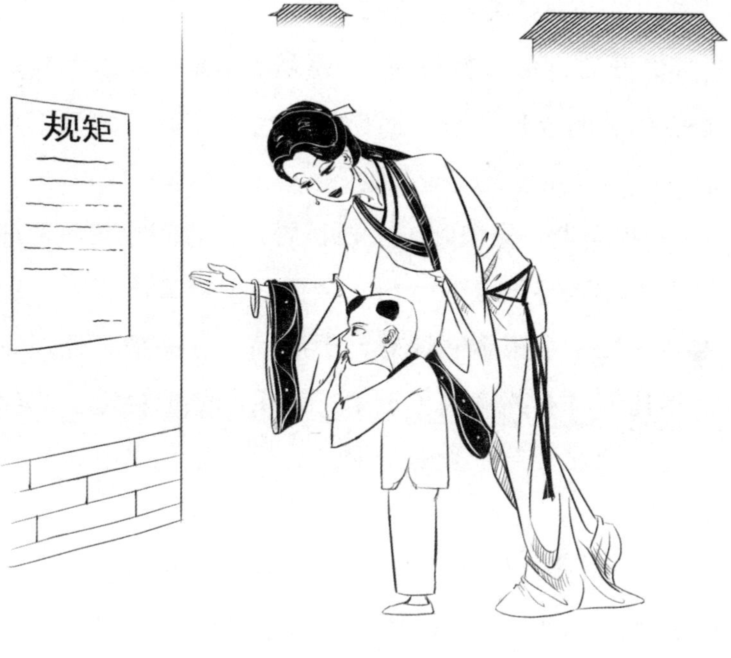

后来，高洋建立了北齐，当上了皇帝，他的性格也彻底扭曲，他嗜酒成性，喝酒之后便会发酒疯，他的母亲娄太后见儿子整日沉湎酒色，非常生气。有一次，高洋又喝醉了，到娄太

后那里探望，娄太后正在小榻上休息，高洋就借着酒劲，把娄太后连小榻一起举起，娄太后从榻上掉下来，摔伤了。

第二天，高洋酒醒了，又来向母亲谢罪，在地上摆设公案，脱掉上衣，露出后背，数说自己的罪状，并命人用木棍抽打自己，宣布从此戒酒，可过不了多久，一切又回到了从前，最终，高洋因酗酒而死，年仅31岁。

父母的教育方式和态度，决定孩子的一生。身为父母，生而不教，岂不是把孩子推向了未知的深渊。现代教育理论认为，三岁和七岁是孩子成长发育的两个关键节点，在孩子成长的关键期，父母应该如何培养、教育孩子呢?

首先，父母的言传身教很重要，说话做事一定要考虑到孩子，不能给孩子的成长带来负面影响。大文豪苏轼的母亲程夫人，就是一个非常注重言传身教的人。

有一次，程夫人一家搬到了一处新居，无意间在新居发现房子原来的主人在地窖里藏的一坛子金银，大家喜出望外，程夫人却命人把这坛子金银重新埋好，不准动一分一毫。处理完这一切后，她把苏轼和苏辙叫了过来，语重心长地说道："你们兄弟俩一定要记住，君子爱财，取之有道，不义之财一分一文都不能拿！"

其次，亲子陪伴对孩子的成长意义重大，任何人都无法代替父母在孩子成长中的作用。亲子陪伴有助于增强孩子与父母之间的感情，让孩子获得安全感与归属感，促进孩子的社交技能、语言能力和认知发展，以及培养孩子的责任感和独立性。

老大好，老二孬，老三掌中宝

人之爱子，罕亦能均。自古及今，此弊多矣。贤俊者自可赏爱，顽鲁者亦当矜怜。有偏宠者，虽欲以厚之，更所以祸之。

——颜之推《颜氏家训》

每每有孩子抱怨父母偏心时，父母都会用一句“手心手背都是肉，我爱你们每一个人”。话虽如此，但不得不说手心始终是被握在里面的。

我国古代教育家颜之推就意识到了这个问题，他在《颜氏家训》中对此做了阐述：“人之爱

子，罕亦能均。自古及今，此弊多矣。贤俊者自可赏爱，顽鲁者亦当矜怜。有偏宠者，虽欲以厚之，更所以祸之。”这句话的意思是说，人们都爱自己的孩子，但很少能做到一视同仁。从古到今，因偏心造成的弊端太多了。那些聪慧俊秀的孩子，当然值得赏识喜爱，但愚蠢迟钝的孩子，也应该被喜爱和怜惜。那些偏宠孩子的人，本想以自己的爱厚待孩子，殊不知到头来反而害了他。

郑庄公从出生就遭到了母亲的嫌弃，因胎位不正，母亲姜氏生他的时候，经历了九死一生，所以，母亲很厌恶他，给他起名寤生，即逆生。

三年后，姜氏又生了一名男孩，即叔段，因这次生产很顺

利，所以，姜氏很喜欢这个小儿子，处处刁难大儿子寤生。郑武公患病，自感时日不多，决定将皇位传给嫡长子寤生，姜氏用尽各种办法非要郑武公将皇位传给小儿子叔段，但最终未能如愿。

郑武公去世后，郑庄公继位，按照规定亲王叔段不能继续生活在国都，必须分封出去，姜氏又开始故技重施，逼迫郑庄公将制邑或京邑封给叔段，这两个地方一个是军事要地，一个面积比国都还要大。郑庄公无奈，只好接受了母亲的无理要求。

尽管郑庄公满足了母亲和弟弟的要求，但是贪婪永无止境，叔段还在不断地扩张封邑范围。

郑庄公对弟弟的做法睁一只眼闭一只眼，不想计较，不久后有大臣报告，说叔段在修城练兵。这下郑庄公坐不住了，他倒不是忌惮叔段，而是担心母亲与叔段沆瀣一气，里应外合，夺取自己的政权。

果不其然，经过打探得知姜氏确实在暗中帮助叔段，做叔段的内应，承诺叔段若是打过来，姜氏会为他打开城门。这一次，郑庄公彻底愤怒了，于是发兵征讨叔段，仅数月叔段就战败了。

兵败之后，叔段流亡到了国外，姜氏则被驱逐到另外的都城生活，至此母子之情、兄弟之情已经荡然无存。

现在，子女因为父母分家产不公，对簿公堂的例子，也屡见不鲜。那么，父母为什么偏心呢？主要有三大原因，一是出生顺序；二是孩子的依赖程度；三是孩子的性格特征。

俗话说“老大好，老二孬，老三掌中宝。”这说明出生顺序决定了孩子在家庭中的受宠程度，父母因为第一个孩子时经验不够，会更加用心教育，所以老大能得到父母很好的教育与照顾，最小的孩子年龄小，哥哥姐姐已经长大，所以格外受宠，只有老二处于尴尬的位置，最容易被冷落。孩子都是父母身上掉下的肉，谁过得不好，父母往往就会偏向他一点，暗地里多帮衬他一些。尽管父母大多欣赏独立自强的孩子，但在情感上还是会向弱势一点的孩子倾斜。

除此之外，孩子的性格差异也是导致父母偏心的一个重要原因。比如有的孩子性格跟父亲或者母亲很像，父母能在孩子身上看到自己的影子，便会产生情投意合的情感。

父母偏心会产生两大危害：一是不利于孩子成长；二是导致兄弟姐妹关系不和睦。所以，父母要尽量做到一碗水端平。

首先，不要提倡一方必须让着另一方，如哥哥姐姐应该让着弟弟妹妹、男孩子要让着女孩子等。这样做会使“让”的一方内心不平衡，使“被让”的一方有恃无恐。每个孩子都是独立的个体，都应该得到尊重和疼爱。

其次，对孩子不能厚此薄彼。比如，两个孩子打架了，不能因为孩子小，就可以不受惩罚，这对另外一个孩子是不公平的；带孩子出去玩，不能只带一个，将另一个留在家里；给孩子买衣服，要一人一套等。

溺爱是成长的坟墓

教子勿溺爱，子堕莫弃绝。

——《围炉夜话》

父母爱孩子没有错，但要懂得如何是正确的爱，若溺爱孩子，就会埋葬孩子的未来。历史上就有很多这样血淋淋的教训，卫庄公因为溺爱小儿子州吁，致卫国陷入血雨腥风之中。

公元前719年，周平王驾崩，卫桓公准备去吊唁，他的弟弟州吁设宴为其送行，趁卫桓公不备，一剑刺入他的后背，卫桓公当场毙命。手足为何会相残呢？这就要从卫桓公的父亲卫庄公说起。

卫庄公有三个儿子，大儿子完憨厚老实，性格温顺，二儿子晋做了邢国的人质，小儿子州吁性格活泼，很会讨人欢喜，深得卫庄公的喜爱，对州吁百般疼爱，要什么给什么。

士大夫石碏曾经劝谏卫庄公，让他严格管教州吁，以免日后走上歪路，闯出祸端。但是卫庄公不以为然，反驳道：“州吁很聪明，性格豪爽，不拘小节，而且他喜欢排兵布阵，喜欢兵法，有点小缺点又算得了什么呢？长大就会慢慢改正了。”

渐渐地，州吁变得越来越强势，越来越飞扬跋扈，好战成性，常常和一群狐朋狗友混在一起，欺男霸女，横行霸道，京城的百姓怨声载道。后来，完继承了王位，即卫桓公，卫桓公对州吁这个弟弟早就深恶痛绝，登基不久，便剥夺了州吁的兵权，并将他赶出了都城。

州吁本就对卫桓公继位愤愤不平，这下更气愤了，于是暗地里开始谋划杀掉卫桓公，虽然最终得逞了，弑君篡位，但他无法安定百姓，国人也不拥护他，他王位还未坐稳，就被士大夫石碏联合陈国国君陈桓公杀死了。

卫庄公溺爱州吁的故事，再次佐证了“溺子如弑子”的道理。《围炉夜话》中有这样一句话：“教子勿溺爱，子堕莫弃绝。”提醒我们教育孩子要避免过度宠爱，当孩子的行为出现问题时，不应该轻易放弃，而应给予他们改正的机会。要学会真正爱孩子，首先就要了解溺爱产生的原因。

父母溺爱孩子，其实是爱自己的外在投射。比如，有的父母小时候家里条件不好，日子过得很艰难，当他们有了孩子之后，就会尽可能地给孩子提供最好的条件，对孩子百般呵护。从心理学角度来说，父母口中的“孩子”，不仅仅指自己的儿女，还包括自己心里的“内在小孩”，也就是说溺爱孩子，就是在溺爱自己。

现在的家庭都是一到两个孩子，这些孩子不仅得到父母的疼爱，还包括来自爷爷奶奶、外公外婆等长辈的疼爱，常常是六个大人围绕着一个孩子转，就容易丧失原则。那么，我们该如何避免溺爱呢？具体来说应做到以下“五不”：

一是不过度关注，过度关注会让孩子变得刁蛮、任性，没有同情心。

二是不过分满足，过分满足会让孩子变得自负，不懂得感恩。

三是不一味袒护，过度的袒护会让孩子失去原则，不懂得承担责任。

四是不纵容不良行为，纵容孩子的不良行为，会助长孩子的歪风邪气，让孩子走上歧路。

五是不包办代替，包办代替会导致孩子动手能力差，生活无法自理。

培养孩子的德行，始于孝心

天地之性，人为贵。人之行，莫大于孝。

——《孝经》

百善孝为先。我国自古就崇尚孝道文化，民间流传的打虎救父、鹿乳奉亲、卧冰求鲤等都与考道有关。无论是平民百姓，还是达官显贵，都将孝道根植于心。

汉文帝刘恒在母亲生病后，无论国事多么繁忙，都会抽出时间陪伴母亲。有一次，母亲患上了重病，而且一病就是三年，刘恒亲自为母亲煎熬汤药，每次把药煎好后，总要先尝一尝，看汤药苦不苦、烫不烫，才肯喂给母

亲。每晚都要等母亲睡着了，刘恒才会趴在母亲床边，小睡一会儿。刘恒孝顺母亲一事，在朝野广为流传，人们都称赞他是一个仁孝之子。

《孝经》曰："天地之性，人为贵。人之行，莫大于孝。"意思是说，在天地万物之中，最尊贵的是人类，在人类的行为中，没有比孝道更重要的了。所以，在古代家庭教育中，非常注重孝道的培养。

欧阳修的父亲欧阳观是一个非常有孝道的人，逢年过节进行家祭的时候，都会痛哭流涕，他认为祭祖的时候准备得多么丰盛都没有意义，不如在生前竭尽全力地赡养父母；奉养父母不

一定要用美味佳肴，但一定要发自内心地去孝顺、供养父母。

在母亲的谆谆教导下，欧阳修始终将父亲崇尚孝道的故事铭记于心。长大后，他也像父亲一样孝顺自己的母亲。为了让母亲过上好日子，欧阳修发奋读书，考取功名。走上仕途后，他一直把母亲带在身边，不管公务多么繁忙，他都会抽空陪伴母亲，母亲生病了，更是日夜守护在她身边，悉心照料。

曾国藩也非常注重孝道教育，把孝悌放在很重要的位置。“孝”，指的是对父母、长辈的感恩、尊敬和赡养；“悌”，指的是同辈之间的和睦相处。他认为：“官宦之家，一般传一代便萧条了，因为多是纨绔子弟；商贾之家，一般可传三代；耕读之家，一般可兴旺五六代；而孝友之家，则可以绵延十代八代。”

《曾国藩家书》中有很多与孝悌有关的内容，他崇尚严以治家，通过言传身教营造俭朴、勤劳、孝悌的家教氛围，使他的家族人才辈出。

那么，怎么做才是孝敬父母呢？古人给出了很多具体的方法，《礼记·曲礼》中就有这样的记载：

“夫为人子者，出必告，返必面。”意思是说，作为子女，外出去哪里，必须要告诉父母，回家后，也要向父母报平安。这样做是为了让父母放心。

“凡为人子之礼，冬温而夏凊，昏定而晨省。”作为子女，冬天要留意父母穿的衣服是否温暖，居住的地方是否暖和；夏天，要想办法让父母过得凉爽一些，每晚临睡前要服侍父母就寝，早上起床后要去看望父母，询问父母的身体是否安好。

“长者立，不可坐；长者来，必起立。”长辈站着的时候，自己不要坐着，长辈到来的时候，一定要站起来。

“父召无诺，先生召无诺，唯而起。”父亲召唤，不能只口头上应答，老师召唤，也不能只应答，还需要在应答的同时，停下手里正在做的事情，站起来，恭恭敬敬地听他们讲些什么，谨遵教诲。

古代关于孝道的礼仪还有很多，以上内容只是冰山一角。

随着日月的变迁，古代的某些孝道礼仪或许已经不适合当下，但是教育孩子有孝心、守孝道永远不会过时，因为孝是一种爱，有助于孩子树立正确的三观，而且在尽孝的过程中，也能让孩子学会怎样为人处世。

习惯形成性格，性格决定命运

习之中人甚矣哉！足之履平地，而不与洼适也，及其久，则洼者若平，至使久而即乎其故，则反窒焉而不宁。

——刘蓉《习惯说》

清代文学家刘蓉年少的时候，常在养晦堂西侧一间屋子里读书，每每遇到不懂的地方，就会在房间里走来走去，一边走一边思考。这间屋子里有一处洼坑，大约一尺，后来逐渐变大。每次经过洼坑时，刘蓉都会被绊一下，可是时间久了，他就习惯了。

一天，刘蓉的父亲看到屋里的洼坑，就找人将地面铺平了，这反而让刘蓉不习惯了，他每每走到原来的洼坑处，都觉得地面高出了不少，直到过了好长一段日子，他才慢慢习惯。

刘蓉根据这段经历，写了一篇文章，名为《习惯说》。他在文中总结道："习之中人甚矣哉！足之履平地，而不与洼适也，及其久，则洼者若平，至使久而即乎其故，则反窒焉而不宁。"这段话的大意是：习惯对人的影响是非常大的，脚踩在平地上，便不能适应洼坑，但时间久了，洼坑仿佛平了，以至于把长久以来的洼坑填平，恢复到原来的状态，却认为是阻碍，无法适应了。

洼坑出现初期　　洼坑出现久了之后

从这个故事中，我们足以见识习惯的力量是多么强大。其实，我们的言行举止皆受习惯的影响。一个孩子将来能否有出息，从他的行为习惯中就能看出一些端倪。

“少成若天性，习惯成自然”。如果让孩子从小就养成好习惯，就会像天性一样，深深地刻在孩子的骨子里。那么，该如何培养孩子的好习惯呢？

首先，从简单的小目标开始。把目标细分，每次只关注眼前的小目标，循序渐进，最终才能达成大目标。比如，我们要让孩子养成每天阅读的习惯，可以先让孩子每天阅读十分钟，这是一个很简单的事情，孩子容易做到，做到了就不会有太大的心理压力，就能够坚持得更久一些，时间久了，好习惯便养成了。

其次，及时督促、鼓励孩子。人是有惰性的，何况是孩子，当孩子不愿意坚持时，父母要督促孩子。当孩子养成一个好习惯后，父母要给予一定的鼓励，以便孩子继续努力，为养成下一个好习惯而努力。把好习惯持之以恒地坚持下去，就会让我们受益匪浅。

给孩子千万家产，不如让他学会自立

积钱不如教子，闲坐不如看书。

——《增广贤文》

“我不能让孩子和我一样受苦，我要给他最好的生活。”这是不少父母都有的心理。他们努力赚钱，是为了给孩子提供优质的生活，有的父母是为了孩子积累一笔财富。其实，这未必是好事。

李鸿章去世后，留给子孙后代的财富不计其数，但他有一个孙子却因无钱治病而去世，这个人就是李子嘉。起初，李子嘉从爷爷那里分到了一万三千亩良田、一片山场，还有上海的一栋三层小别墅。

拥有大笔财富后，李子嘉开始挥霍人生，吃喝嫖赌样样精通，还沾染了吸食鸦片的恶行。数年后，李子嘉就将爷爷留下的财产挥霍一空，只能每日喝粥度日。过惯了锦衣玉食的生活，李子嘉实在受不了穷日子，有一次他路过水塘，想着不如一死了之，便纵身跳进了水塘，幸运的是被过路的人救了上来。后来，他因感染风寒，无钱医治病逝，他死后，连安葬的钱都没有，只能被草草下葬。

1916年，清末中国首富盛宣怀去世，留给后人的资产高达几千万两白银，因他的前三个儿子相继夭折，所以，他的资产大部分都留给了四儿子盛恩颐。父亲去世后，盛恩颐开始放任自己，过着纸醉金迷的生活，他白天睡觉，晚上流连于赌场，曾经一晚上输掉上海一百栋楼。

再厚实的家底，也经不起这样折腾，最终盛恩颐将父亲留下的家底都给败光了。盛恩颐晚景凄凉，沦落为一名乞丐，最后死在当年曾属于自己的留园中，孤身一人，没有家人的陪伴。

李子嘉和盛恩颐的悲惨结局，令人唏嘘不已，他们的经历让人不由得想起《增广贤文》中的:“积钱不如教子，闲坐不如看

书。”金钱是一把双刃剑，父母努力赚钱，虽然能给孩子提供舒适的生活，但同时也在不知不觉中剥夺了孩子奋斗的权利，甚至有可能让孩子成为寄生虫。

司马光曾经说过：“磨刀恨不利，刀利伤人指。求财恨不多，财多害人子。”意思是说，磨刀，总嫌刀磨得不够锋利，可刀磨得太锋利，就容易割伤手指；追求钱财，总嫌赚得不够多，但钱财多了，会害了自己的子女。

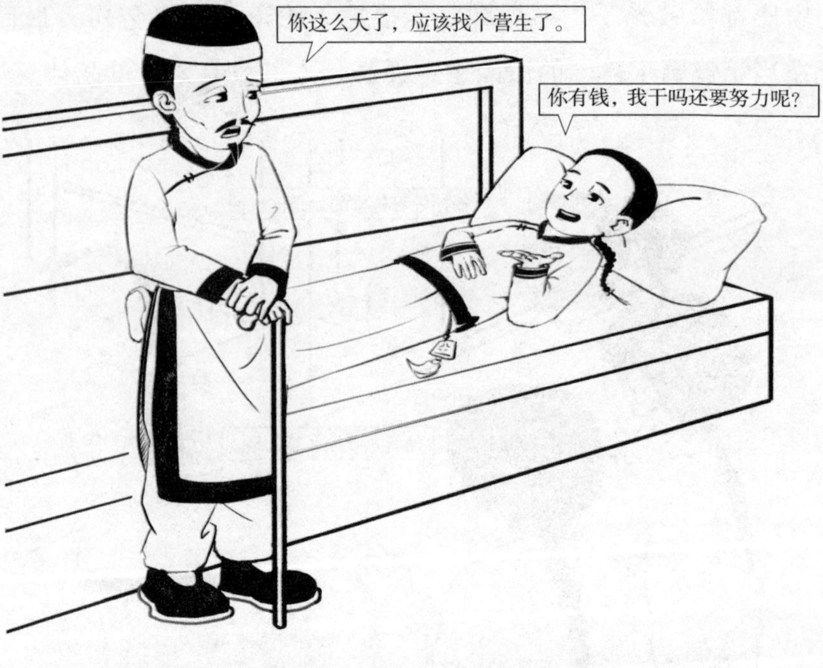

林则徐有言：“子孙若如我，留钱做什么？贤而多财，则损其志；子孙不如我，留钱做什么？愚而多财，益增其过。”对于一个正在成长中的孩子，最需要的不是金钱，而是关心和陪伴。用心教育孩子，使其健康成长，把他培养成为可以创造财富的人，而不是把财富留给他，即授人以鱼不如授人以渔。

丰富的知识储备，决定孩子未来的格局

玉不琢，不成器；人不学，不知道。

——《礼记·学记》

在古代，对于寒门之子来说，要想改变命运，勤学苦读，科举中第是最为便捷的一条路。当今，引导孩子从小多读书，汲取丰富的知识，为未来的发展奠定基础是大部分家长的选择。

苏洵早年时期四处游历，不务正业，直到二十七岁才幡然悔悟，开始发奋读书，虽未能金榜题名，但他的文采名扬京师，后来成为唐宋八大家之一。鉴于自己年少不知学的那段经历，苏洵深知年少读书的重要性，所以，他教育苏轼、苏辙从小要多读书。

苏轼和苏辙十分

顽皮，不会老老实实地坐下来，安静地读书，苏洵虽苦口婆心地劝说，但效果甚微。于是，苏洵改变了策略，每当两个孩子玩耍的时候，他就躲在角落里看书，两个孩子感到好奇，便跑过去问苏洵看的是什么书，苏洵又会故意不告诉他们，反而悄悄地把书藏起来，这让两个孩子更加好奇了，他们常常趁父亲不在的时候，把书找出来翻看。渐渐地，苏轼和苏辙养成了读书的好习惯，后来，苏轼与苏辙都考取了功名，成为一代文豪。

我国古代教导孩子读书的家长有很多，如三次搬家、断机杼的孟子母亲仉氏，画荻教子的欧阳修之母郑氏，以及陶侃之母湛氏等。在当下这个信息爆炸的时代，学习愈发重要。

首先，学习是改变孩子未来的一种重要途径。无论是古代的科举考试，还是现在的高考，都是为普通人提供的一个改变命运的机会。无论在哪个年代，知识都是丰富自己的最强武器，也是未来道路上披荆斩棘不可缺少的装备。没有丰富的知识储备，怎么能拥有好的工作，没有好的工作，又怎能拥有好的生活呢？

其次，腹有诗书气自华，学习改变的不仅是物质生活，还有我们的精神世界。一个博览群书、知识丰富的人，他身上自带光芒，会让人觉得他与别人与众不同，举手投足之间，透露着优雅，释放着强大的气场。

《礼记·学记》中有这样一句话：“玉不琢，不成器；人不学，不知道。”意思是说，玉不经过雕琢，就不会成为器物；人不经过刻苦学习，就不会懂得处世的道理。孩子成长的初期，是家长教育的黄金期，那么，在这个阶段该如何引导孩子去学习呢？

言传身教远胜过督促。家长首先要树立一个好榜样，平时多看书、多学习，孩子在这样的环境中成长，耳濡目染，就会渐渐地养成学习的好习惯。

此外，将知识与孩子的实际生活联系在一起，让枯燥的知识变得生动、有趣，孩子才愿意学习，当孩子感受到学习的快乐时，他才愿意主动去学，此时父母的教育就已经成功了一半。

让孩子读“死”书，不如“活”读书

纸上得来终觉浅，绝知此事要躬行。

——陆游《冬夜读书示子聿》

望子成龙，望女成凤，是每个做父母的心愿，读书是让孩子将来有出息的一种最有效的途径，所以，很多父母会督促孩子从小好好读书、好好学习，却忽视了实践的作用。

陆游在《冬夜读书示子聿》中写道：“古人学问无遗力，少壮工夫老始成。纸上得来终觉浅，绝知此事要躬行。”这首教子诗强调了实践的重要性，虽然人们可以间接地从书本中获得知识和前人的经验，但要把书本知识变成实际知识，必须要通过亲自实践，所以，实践是获取知识的更加重要的途径。

马谡失街亭就是一个典型的例子。街亭之战是三国时期诸葛亮第一次北伐时的一场决定性战事，诸葛亮攻打祁山时，没有让旧将魏延、吴懿担任先锋，任命自己十分赏识的参军马谡率领一支人马，前往街亭阻击张郃的援军。

马谡未按照诸葛亮事先制定的作战计划行事，擅自将军队带到险要且缺乏水源的南山上安营扎寨，结果被张郃切断了水源，并大举进攻，蜀兵纷纷逃散，马谡只好自己杀出重围，街亭失守。街亭失守后，蜀军失去了重要据点，无法再战，只得撤回汉中。

马谡失街亭中有一点不能忽视：马谡作为参军，缺乏实战经验，纸上谈兵，夸夸其谈，又十分自大，不接受他人的建议，正如刘备对他的评价："马谡言过其实，不可大用。"

实践出真知，从实践中获得的知识，才能经得起时间的考验。被誉为东方医学巨典的《本草纲目》于1578年完稿，至今已经流传400余年，依然被世人所推崇，因为它是实践的产物。

李时珍一家世代行医，积累了很多行医经验，李时珍一家世代行医，积累了很多行医经验，但他还是觉得自己才疏学浅，查阅了很多药典后，仍然不满足，遂决定外出访药，跋涉无数穷山深谷，足迹遍及大江南北，拜访名医，收集奇珍异草，历时二十七年、三易其稿，才完成了这部共计五十二卷、一百九十多万字的鸿篇巨著《本草纲目》。

李时珍为撰写《本草纲目》，数次涉险，为配置麻醉剂，亲尝曼陀罗花的毒性。

生活就是一个不断实践的过程，无论是学习新知识，还是解决生活中的难题，都需要动手实践，不断积累经验。只有通过实践，我们才能找到处理问题的最佳方案。所以，对孩子来说，培养实践能力也是成长过程中必不可少的环节。

要培养孩子的实践能力，家长首先要给孩子提供实践的机会，让孩子参与到家务劳动中来，如自己动手做饭、做家务，若有条件，还可以让孩子参加社会实践活动。这既可以提高孩子的动手能力，也能让他们认识到劳动的意义，尊重别人的劳动成果。其次，在实践的过程中，要引导孩子去思考。比如，在实操过程中遇到了哪些问题，有哪些方法可以解决，这个思考的过程将有助于提高孩子解决问题的能力和实践能力，让孩子学以致用。

培养孩子的实践能力，并非一朝一夕的事情，这需要父母的陪伴与引导，在这个过程中还可能会遇到各种困难和挫折，父母要有足够的耐心，鼓励孩子克服困难，让孩子在失败中总结经验教训，在挫折中成长，在提升实践能力的同时，强大自己的内心。

帮孩子树立人生目标，找到生命的价值

君子立长志，小人常立志。

——《论语》

著名桥梁专家茅以升从小好学上进，是一名品学兼优的好学生。在他十岁那年，南京秦淮河举行龙舟比赛，因看比赛的人太多，导致秦淮河上的文德桥倒塌，不少人被砸死、淹死。

这件事对茅以升的触动非常大，他暗暗下决心将来一定要成为一名桥梁专家，建造出最结实的大桥，让悲剧不再重演。从那以后，他每每看到桥，都会仔仔细细观察一番，看到有关桥梁的材料，也都会保存下来。

后来，茅以升考入唐山路矿学堂预科，攻读桥梁专业，以优异的成绩毕业。后赴美留学，取得硕士、博士学位后，怀着“我的事业在中国”的赤子之情，回到了祖国。纵观茅以升的一生，最辉煌的成就是建成了我国自主设计、建造的第一座现代化桥梁——钱塘江大桥。

钱塘江以凶险著称，李白曾有诗云：“白浪如山那可渡，狂风愁杀艄帆人。”钱塘江江面辽阔，因受到上游山洪暴发和下游海潮涨高的双重影响，加之狂风的袭击，江面常常波涛汹涌，在如此恶劣的条件下，在钱塘江上建桥，其难度可想而知，但是茅以升做到了。

孩子的心智未成熟之前，他们的理想会经常发生变化，家长要多与孩子互动，慢慢地，孩子的理想就会越来越清晰。如果我们希望孩子将来能有一番作为，就应该引导孩子从小树立远大的志向，树立人生目标，找到人生价值。那么，该如何引导孩子树立远大的志向呢？

第一，了解孩子的实际情况，倾听孩子的心声。

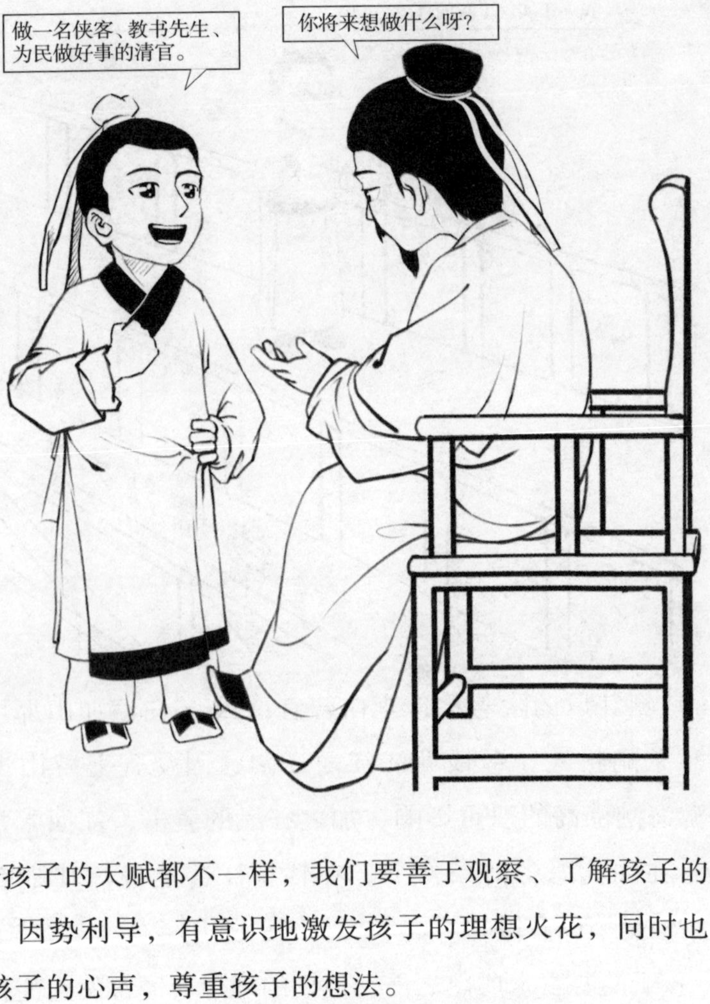

每个孩子的天赋都不一样，我们要善于观察、了解孩子的兴趣爱好，因势利导，有意识地激发孩子的理想火花，同时也要多倾听孩子的心声，尊重孩子的想法。

第二，明确了目标，就要做到知行合一。

理想不是一句口号，只有通过努力，才能让理想照进现实，且不能因为在前进的道路上遇到阻碍，就打退堂鼓，或者更换目标。

《论语》有言："君子立志长，小人常立志。"这句话的意思是说，那些获得成功的人为自己定下一个长远且实际的志向，然后为其拼搏奋斗，将志向变为现实，而那些甘于平庸的人，时常会立下一些过大的志向，却不付诸行动去实现。

“路漫漫其修远兮，吾将上下而求索”，只有让我们的孩子在成长的路上不断前行，勇敢地去追逐，他们才会离梦想越来越近，人生才会一路芬芳，活得万丈光芒。

第四章 持家有方，家业兴旺

日子要过好，持家格言要记牢：积善之家，必有余庆；勤俭持家，福泽绵长；精打细算，油盐不断；量体裁衣，看菜吃饭；持家有方，家业兴旺。

田怕秋旱，地怕懒汉

饱暖匪天降，赖尔筋与力。

——刘基《田家·田家无所求》

民间有俗语："田怕秋旱，地怕懒汉。"一个人太懒惰，什么事情都不想做，今朝有酒今朝醉，坐吃山空，他的家庭就会呈现出衰败的迹象。"饱暖匪天降，赖尔筋与力。"意思是说，吃饱穿暖并非上天所赐，都是凭借自己的劳动所得。所以，唯有勤奋才是兴家之道。

谈起胡雪岩的发家史，很多人都会认为他背靠清政府，在王有龄和左宗棠的提携下，平步青云。殊不知，胡雪岩白手起家，最初他只是一个放牛娃，他能结识王有龄和左宗棠，与他的勤奋密不可分。

十三岁那年，胡雪岩离开家乡，孤身外出闯荡，先后在杭州杂粮行、金华火腿商行当过小伙计。金华火腿商行的规模较大，常与杭州的一些钱庄有业务往来，渐渐地，胡雪岩对钱庄生意产生了浓厚的兴趣，有了当钱庄学徒的念头。

当得知要到钱庄学徒，必须要把字要写得很漂亮、算盘打得十分熟练、算账也得算得又快又准，胡雪岩便每天暗地里练习书法、珠算和心算。

经过一段时间的勤学苦练，胡雪岩不仅能写出一手漂亮的毛笔字，还能把算盘打得噼啪作响。最令人惊诧的是，每次和钱庄的人核对账目时，他都不用算盘，仅凭心算，就能把账算得又快又准。

胡雪岩的勤奋好学，引起了钱庄老板的注意，很快他便成了钱庄的学徒，这也促使他更加勤快了。他每天早早起床，为老板端洗脸水、倒夜壶，扫地、擦桌子，练习算银票、包银圆、穿铜钱。每天忙得脚打后脑勺，胡雪岩都没有半句怨言。

一分耕耘一分收获，失败是自己的原因，成功是贵人的提携。

经过近五年的学习，胡雪岩的业务能力突飞猛进，被升任为业务助理。半年后，又升任为业务主管。后来，钱庄的老板突然生了重病，自知将不久于人世，便将钱庄的财产全部赠予胡雪岩，这为他日后的飞黄腾达奠定了经济基础。

胡雪岩的成功不是守株待兔、坐享其成的结果，而是通过勤奋努力，为自己的人生赢得了机会。

勤奋是一种优秀的品质，我们要想做成一件事，达成一个好的结果，都离不开这种品质。但是勤奋是有前提条件的，若前提条件出了问题，勤奋的结果便有可能是南辕北辙。比如，揠苗助长的农夫，忙活了一整天，却把秧苗全部害死了。

真正的勤奋并不完全指身体的忙碌，更重要的是思维的勤奋，那么，如何才能做到思维上的勤奋呢？

首先，不能安于现状，要主动跳出舒适区，去学习新知识和新技能，这种学习不一定局限于自己的专业领域，还可以跨界学习，实现全面发展。张衡是东汉时期杰出的天文学家、数学家、发明家、地理学家、文学家，他发明了地动仪、浑天仪、指南车，他的天文学著作有《灵宪》，数学著作《算罔论》，文学代表作《二京赋》《思玄赋》和《归田赋》都充分证明跨界学习的重要性。

其次，不断反思自己，拒绝低效的努力。在前进的道路上，若发现自己的努力效率很低，不妨停下来，做一个反思，找出问题，将其解决掉，再继续上路。磨刀不误砍柴工，一味地低头努力，有时会让我们偏离原来的方向。所以，要养成勤思考的习惯。

当用莫瞎用，当用莫瞎省

刀口上不用，用刀背上钱。

——陆人龙《三刻拍案惊奇》

东晋年间，右将军周札一家五人封侯，皆身居要职，其势力如日中天，后遭到权倾天下的王敦的猜忌，王敦联合江南沈氏士族一起讨伐周札。

周札得到消息时，已经兵临城下，情况十分危急，他赶紧派出几百名士兵出城迎敌，奇怪的是，这些士兵都拿着劣质的兵器，很快他们就败下阵来，周札也被杀了。

周札兵败被杀的原因可能你万万想不到，竟然是因为吝啬。在他的库房中有一批打造精良的兵器，他却不舍得拿出来用，可谓是吝啬界的天花板了。

无独有偶，清代江宁有一位巡抚叫汤斌，也是出了名的吝啬鬼。据有关文献记载，有一天，汤斌心血来潮，翻开家中的账本，发现账本上多出了一只鸡蛋。顿时火冒三丈，“我来苏州还没有吃过一枚鸡蛋，这到底是谁买的？”得知是儿子买的鸡蛋后，汤斌立刻把儿子叫了过来，罚儿子跪下，愤怒地数落道：“你以为苏州的鸡蛋和河南一样便宜吗？你想吃鸡蛋，就回河南老家去吃。”

像周机和汤斌这样，虽然手头很宽裕，日子却过得一点不舒坦，这算不上真正意义上的富人。拥有正确的价值观，才能正确地使用金钱，创造出更多的价值。

钱，只是一种工具，用好了，会让我们感到幸福和快乐；用不好，则会让我们伤痕累累。那些习惯了挥霍的人，往往不是

因为某件物品非买不可，只是享受一掷千金带来的快感，享受被人羡慕的虚荣感，可他们不知道当习惯变成了瘾，想戒又戒不掉的时候，就要付出惨重的代价了。

相反，有些人虽然很富有，但是他们依然很节俭，能省则省，但遇到需要帮助的人，他们又会变得很大方，毫不犹豫地伸出援助之手，这才是用钱的最高境界——“当用莫瞎用，当用莫瞎省。”

消费是日常生活中必不可少的一件事，但要做到理性消费。我们要先以满足基本的需求为前提，然后考虑个人可支配的预算有多少，避免因盲目消费，导致入不敷出。

另外，我们还要培养理财意识，合理储蓄。具体的理财方式可以根据自己的实际情况来确定，包括银行存款、储蓄型保险、基金、国债等，以提高自己应对生活突发状况的能力。

精打细算，细水长流

富从升合起，贫因不算来。

——《增广贤文》

普通百姓过日子讲究的是精打细算，细水长流，人们常说“吃不穷，穿不穷，算计不到定受穷”。人生起伏寻常事，谁也不能保证一帆风顺，倘若不懂得“算计”着过日子，一旦遇到什么事，日子就很难继续下去。

北宋文学家苏轼原本在朝中为官，但因遭人构陷，炮制了“乌台诗案”，被贬到了偏僻荒凉的黄州。因苏轼是戴罪之身，出任的团练副使只是个虚职，俸禄十分微薄，很难养活一大家子人，好在早些年苏轼攒了一些积蓄。可是如果不精打细算，钱很快就会花光，一家人就要饿肚子。

苏轼和妻子经过商量，他们根据黄州的物价，制定出每天的花销额度：绝不能超过一百五十钱。规定每月初一取出四千五百钱，平均分成三十份，然后用麻绳串起来，挂在房梁上，每天取一份。因为坚持精打细算，苏轼一家人撑过了最难的一年。如果不精打细算，整日与狐朋狗友醉生梦死，很快就会花光积蓄，流落街头。

天生我材必有用，千金散尽还复来。

一年后，积蓄所剩无几，苏轼又带领家人开荒种田，尽管土地十分贫瘠，但在一家人的不懈努力下，田地多少有了些收获，遇到灾年，尽管粮食减产严重，但由于苏轼的精打细算，勤奋节俭，一家人总能勉强糊口度日，转危为安。

《增广贤文》中有这样一句话：“富从升合起，贫因不算来。”生活困苦的时候，精打细算，制定合理的用钱规则，尽管收入有限，日子总能过得下去，要想过好，则需要一点点地积累财富。

胡雪岩原本是一个放牛娃，曾在杂粮行里打杂，在钱庄里当过学徒，后来在贵人王有龄的帮助下，开办了阜康钱庄，积累了人生第一桶金。多年的经商经验，让他慧眼识珠，善于抓住商机，开办丝行、创建“胡庆余堂”，实现了从布衣到商贾巨擘的华丽转变。

古人云：“不积跬步无以至千里。”积累财富亦如此，财富如涓涓细流，日积月累成江河湖泊。因此，我们需要对支出有一个详细的规划，对支出进行分类，这样才能把钱花在刀刃上，既保证了生活质量，又不会造成铺张浪费。具体来说，应做到以下几点。

固定生活成本（50%）：满足当下生活的需要。如房租、房贷、车贷、水电费、教育支出等。

重要的投资（30%）：满足未来生活的需要。将一部分钱用来理财，做好将来的养老计划。

储蓄目标（10%）：满足你未来改善生活的需要。比如，要换一个大房子，换一部车子等。

无法预知的消费（10%）：如亲友结婚、外出就餐、看电影等。

有了详细的规划，每月工资到账，我们就可以按照以上比例进行分配，把钱花在真正需要的地方，减少不必要的花销，就真正做到了开源节流。

理性消费须牢记，莫让负债透支未来

量腹而受，量身而衣。

——《墨子·鲁问》

人贵有自知之明，凡事三思以后量力而行。消费也是如此，如果自不量力，让自己负债累累，就会惹来大麻烦。

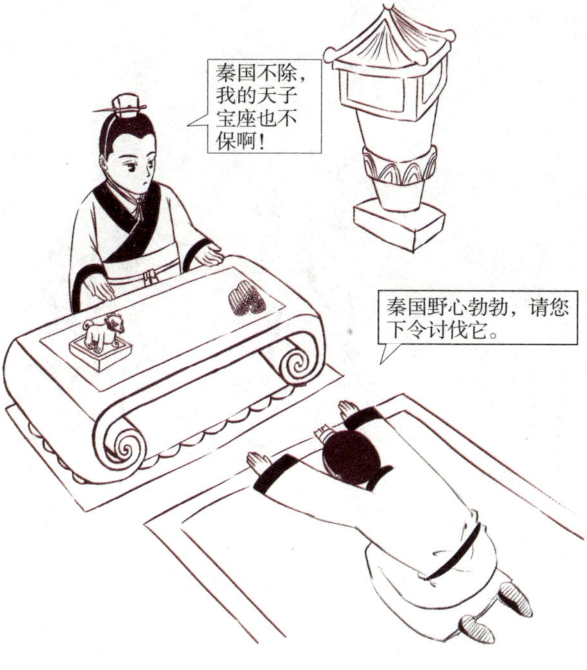

周赧王虽然贵为天子，实际上直接管辖的领地很小，也没有多少实权，大小事情都做不了主，只不过是个名义上的天子。周赧王不满自己的处境，很想重振周朝，怎奈囊中羞涩，又无兵无将，只能空叹息。

公元前257年，秦讨伐赵国失败，楚考烈王十分仇恨秦国，想趁此机会，联合诸侯国一举吞并秦国，为楚国报仇雪恨。他自知凭借自己的威望，难以联合各诸侯国，便请周赧王以天子的名义命令各诸侯联合起来。

周赧王也有除掉秦国的想法，可是国库拮据，打仗需要准备粮秣，这都需要真金白银。思虑再三，周赧王决定向豪门富户借债，富户们商量一番后，同意了周赧王的借债要求，但是需要周赧王立下字据，保证打败秦国后，连本带息归还欠款，周赧王欣然同意。

很快，周兵就集结完毕，诸侯国却不给力，只有楚国和燕国发兵。三个月过去了，楚国和燕国也撤回了军队，讨伐秦国的行动胎死腹中。周兵虽未打仗，但军费花了个精光。富户们见周兵回来了，纷纷拿着借据，来找周赧王讨要欠款，周赧王命人紧闭宫门，但吵闹声不绝于耳，他只好躲进深宫中的一座高台。

周赧王没有正确估计自己的还款能力，冒险借款，结果被债主们逼上高台。《墨子·鲁问》有言：“量腹而受，量身而衣。”意思是说，知道自己肚量的大小，才知道能吃多少东西；知道自己身材的高矮胖瘦，才知道穿什么样的衣服合适，消费亦如此。

当下，超前消费已经成为一种潮流，用消费未来的钱，满足现在的欲望。但天下没有免费的午餐，消费之后别忘了还要还款，若不加以节制，就可能养成不良的消费习惯，丧失金钱管理意识，影响个人征信。

现在网络上各种借贷平台五花八门，轻轻松松就可以借到钱，如果你的消费心理不够成熟，又沉迷于超前消费，有可能会让你负债累累，所以，请不要轻易透支消费。养成良好的消费习惯，才不至于让自己陷入借贷危机之中。

财不进急门，富不进偏门

君子爱财，取之有道。

——《增广贤文》

人生在世，需要用钱的地方很多，有了钱，我们才能拥有更舒适的生活。爱财本身没有错，金钱本身也没有罪过，人人都有追求金钱的权利和自由，只是不能误入歧途，获取不义之财。

梁冀是东汉外戚大臣，汉顺帝皇后梁妠、汉桓帝皇后梁女莹的哥哥，是名副其实的国舅，位高权重。凭借着特殊的身份，梁冀长期欺压百姓，霸占他人田产，并收取大量贿赂，无恶不作，朝中大臣们都对他忌惮三分。

每年梁冀过生日的时候，都要大摆寿宴，各地官员纷纷前来送礼，排场相当大，如果哪个官员送的礼物不够贵重，或者礼金少了，事后梁冀就会找他的麻烦，利用手中的职权给他穿小鞋。

公元159年，汉桓帝诛灭梁氏，梁冀与妻子被迫自杀，梁家老少皆被斩首，没收的钱财高达三十余万万两，相当于东汉政府一年租税收入的一半。

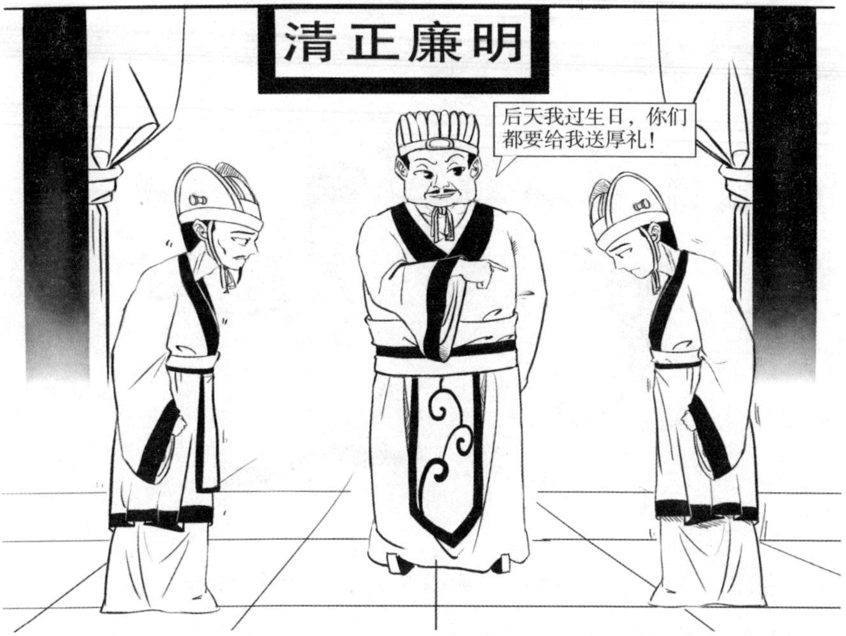

常言道：“财不入急门，福不入偏门。”如果你一心想着暴富，想要赚快钱，这是非常危险的行为，做人一定要一身正气，做事一定要光明磊落。虽然有些事情可能会为你带来短期的利益，但是这有可能会害了你一生。所以，古人教育我们“君子爱财，取之有道”。

杨震是东汉时期的名臣，是一个大器晚成的人，直到五十岁时才在州郡任职。有一次，他前往郡里途经昌邑时，从前他推举的荆州秀才王密正在昌邑担任县长，便去看望杨震，晚上又偷偷地送给杨震金十斤。

杨震见状，连连摆手，表示拒绝，并严肃地说道：“我了解你，你为什么不了解我呢？”王密回答说：“现在是深夜，没有人会知道的。”杨震更加生气了，气愤地说道：“天知、神知、

我知、你知，怎么能说没有人知道呢？”王密惭愧地离开了。

古人云：“不义之财取之必有祸。”何为不义之财呢？凡是以不合理、不合法、不合情的方式获取的钱财，都属于不义之财。因为不合法，所以，杨震拒收贿赂，而生意人韩康秉承诚信经营的原则，绝不赚不合理的钱。

韩康擅长医道，常去山上采草药，然后把草药拿到市场上去卖，市场上有很多卖草药的人不讲诚信，常以次充好，所以，顾客常常与卖草药的商贩讨价还价。但是韩康从不允许顾客讨教还价，别人问其原因，他回答：“我的草药从不以次充好，就值这个价，这就叫‘真不二价’。”后来，人们发现韩康说的都是真的，他的药疗效非常好。

人生在世，财富固然重要，但要守住底线，绝不可以急功近利，违背良知，获取不义之财。

宁可贫后富，不可富后贫

由俭入奢易，由奢入俭难。

——司马光《训俭示康》

老话讲“宁可贫后富，不可富后贫”，通过努力、奋斗，实现了脱贫，走向了富裕，深知当下的生活来之不易，即使富贵了，也不会奢侈无度。那些含着“金钥匙”出生的人，没有吃过奋斗的苦，就不会懂得珍惜当下。

风水轮流转，天道有轮回。当我们处在顶峰时，一定要保持清醒的头脑，当处于低谷时，也无须妄自菲薄，这才是对待人生应有的态度。

宋真宗时期，有一个宰相叫张知白，他好勤俭，虽然身居高位，生活

过得却像一个普通百姓，有人劝他：“您俸禄这么高，生活却过得这么清苦，您图什么呢？这样做显得多么不合群，会有人说您太虚伪。”

张知白回答：“凭我的俸禄，让我的家人过上锦衣玉食的生活易如反掌，要从俭朴到奢华的生活很容易，可要从奢华的生活回到俭朴的生活就难了。我会一直有这么多的俸禄吗？我能一直当宰相，给家人提供这么好的生活吗？如果有一天我失去了俸禄，我的家人能马上适应俭朴的生活吗？与其这样，不如一直俭朴，这样一来，不管我在不在世，他们都能生活得很好。”可见，张知白是一个非常有远见之人。

自古以来，我国崇尚节俭的人不在少数，北宋时期司马光给他的儿子司马康写了一篇崇尚节俭的家训，名为《训俭示康》，这里面有一句话颇为经典：“由俭入奢易，由奢入俭难。”告诫人们无论贫穷与富贵，都不要把节俭的美德丢掉。

同样，曾国藩的家训中也有关于节俭的内容，如：“家俭则兴，人勤则健；能勤能俭，永不贫贱。”诸葛亮在《诫子书》中更是说道：“夫君子之行，静以修身，俭以养德。”可见，勤俭不仅有利于持家，还能让我们远离祸患。

西晋时期有一个富豪叫石崇，生活十分奢靡，就连他家的厕所都修建得十分讲究，厕所里准备了各种香膏，用于客人洗漱，厕所边上还有十多个女仆站立在一旁，随时为客人提供服务，这些女仆都穿着锦衣，打扮得光彩夺目。客人上过厕所后，这些女仆还会帮客人把身上的衣服脱下来，伺候他们换上新衣服。由于石崇经常向人夸耀自己奢靡的生活，最终招致了杀身之祸。

“俭，德之共也；侈，恶之大也。”勤俭节约是中华民族的传统美德，即使现在人们生活富裕了，也不能丢掉老祖宗留下的传家宝。

家不和，外人欺

父子笃，兄弟睦，夫妇和，家之肥也。

——《礼记·礼运》

公元前534年，陈国君妫弱（即陈哀公）身染疾病，卧床不起，他的儿子们暗地里开始了王位的争夺。之前，陈哀公从郑国娶妻，长姬生下悼太子师，少姬生下儿子偃，他还有两个十分受宠的妾，长妾生了公子留，少妾生了公子胜。

在众多儿子当中，陈哀公最喜欢公子留，就将他托付给弟弟司徒招来照顾，希望悼太子师即位后，再传给公子留，可司徒招不想等太久，便杀掉了悼太子，立留为太子，并派人包围了陈哀公的寝宫，封锁了消息。

可世上没有不透风的墙，很快，陈哀公就知道了真相，想杀掉司徒招，反被司徒招包围。陈哀公走投无路，自缢而亡。不久后，留继位。

国君新立是大事，作为楚国的附属国，陈国必须派使者向楚国汇报国内的一举一动。不料，公子胜也跑到了楚国，告诉了楚灵王陈国发生的一切，楚灵王勃然大怒，命人杀了陈国派来的使者，派公子弃疾带兵讨伐陈国，陈国的士兵毫无斗志，很快就败下阵来，陈国君留立即逃往郑国避难，最终楚国灭掉了陈国。

和陈国有着相同命运的还有蔡国，蔡国与楚国本是友好邻邦，为了巩固两国的友谊，蔡景侯为儿子蔡般娶了一个楚国的媳妇。媳妇娶进门之后，蔡景侯竟然对儿媳有了非分之想，两人常常眉来眼去，暗地里往来。

纸里包不住火，蔡般很快就发现父亲与自己的媳妇有染，盛怒之下，将父亲与媳妇一起斩杀，并做了蔡国的国君，即蔡灵

侯。有一年，楚灵王在申地召见蔡灵侯叙旧，蔡国的大夫劝蔡灵侯不要前往，但蔡灵侯没有听取建议。

蔡灵侯如约来到申地，楚灵王设宴款待他，楚灵王及其属下都非常热情，连接劝酒，蔡灵侯很快就被灌得酩酊大醉，等他醒来，发现自己被捆得结结实实，犹如一个肉粽子。原来，楚国要设局杀害蔡灵侯，之后，楚灵王派公子弃疾带兵包围了蔡国。

陈国和蔡国的灭亡，皆因祸起萧墙，所以古人云：“父子笃，兄弟睦，夫妇和，家之肥也。”意思是说，父子之间心意诚厚，兄弟之间和睦相处，夫妻之间感情融洽，家庭才能兴旺发达。

当下，不少家庭会出现各种矛盾与争执，这无形中给家庭带来无法预料的伤害，总体来说，这些伤害包括三大方面。

一是影响身心健康。家庭出现矛盾时，会让家庭成员感到焦虑、抑郁等。

二是影响子女成长。长期生活在不和睦的家庭，会使孩子产生负面情绪，出现不良行为。

三是造成家庭财产损失。当家庭出现矛盾时，有人会设法转移财产，甚至产生报复对方的行为。

总之，家庭不和睦的危害极大，当家庭出现矛盾，大家要通过沟通去解决问题，消除隔阂，重新获得信任与爱，衷心希望每个家庭都能幸福和谐。

善良是家庭最宝贵的风水

积善之家，必有余庆。

——《易传·文言传·坤文言》

范仲淹在还没有显贵的时候，就有两个理想：要么拜相，要么当良医。大丈夫立志当丞相可以理解，为什么要当医生呢？范仲淹解释说："有才学的大丈夫，当然希望能够辅佐明君治理天下，造福百姓，这只有做宰相才能实现，若当不了宰相，要实现利泽万民的心愿，就只有当医生了。"

后来，范仲淹果真成了北宋的宰相。在任职期间，他心系百姓，救济学子，减少徭役，修捍海堰，赈灾济民，深得百姓爱戴。告老还乡后，范仲淹准备在苏州颐养天年。有人说他在苏州的住处是块风水宝地，能保佑他的子孙后代尽享荣华富贵。范仲淹听说后，遂将其改建为学堂。

范仲淹有四个儿子，除长子范纯祐因体弱多病，未担任要职外，其他三个儿子范纯仁、范纯礼、范纯粹都位列公卿，特别是范纯仁曾两度出任丞相，范氏家族从宋朝一直兴旺到清朝末年，绵延数百年之久。

当时北宋的土地兼并非常严重，公卿贵族家里的土地可达千顷之多，平民百姓却流离失所。范仲淹在年老的时候，又做了一个重要的善举——建立义田。他拿出几千亩的土地作为义田，让穷苦的百姓有饭吃。

身教胜言传，力行以垂范。范仲淹的高尚品德给他的后代带来了深远的影响。范氏家族将义田这一善举传承了下来，直到雍正年间。

南宋期间，战乱不断，范家的很多田地和房屋都被占用，义田所剩无几。但是范家人从未忘记祖训，到了范仲淹的五世孙范良器、范良能两兄弟，他们捐出了自己的私产，恢复了义田。明朝的时候，义田再次遭到破坏，范氏子孙又一次进行修复。

古人云：“积善之家，必有余庆。”范仲淹虽然没有利用风水宝地建造宅院，但是他给后代播下了一颗善良的种子，经过世世代代的辛勤浇灌，长成了一棵参天大树，庇护着后代子孙，让范氏家族人才辈出。

范氏家族的故事足以证明善良是家庭最宝贵的风水，“人为善，福虽未至，祸已远；人为恶，祸虽未至，福已远。”我们若能够一心向善，即便福报没有到来，灾祸也已经远离了我们；若做尽恶事，即便灾祸还没有到来，福报也已经远离了我们。这便是“命自我立，福自己求”。

第五章

朋友多了路好走，知己多了有好福

人生能有几位真朋友，开心快乐伴你走，可惜万两黄金容易得，知心一个也难求。交损友害人又害己，交益友利人又利己，擦亮眼交益友，好运跟着走。

真正的朋友，始于志趣

志不同不相为谋，道不合不相为友。

——《论语·卫灵公》

俗话说“物以类聚，人以群分。”茫茫人海之中，我们能与他人成为知心朋友，绝非偶然，因为我们与对方有着相似的性情与兴趣，才能彼此吸引、相互欣赏。管仲与鲍叔牙、伯牙与钟子期，以及刘备、关羽和张飞，皆是因为志向相同、兴趣相投，才成就了他们之间的情谊。

东晋葛洪有句名言：“志合者，不以山海为远；道乖者，不以咫尺为近。”柳宗元与刘禹锡的情谊用它来形容恰如其分。柳宗元以文见长，刘禹锡以诗称雄，两人都是文采斐然，且年龄相仿，还是同榜进士，有意思的是，他们还一起在御史台共事多年。

公元805年，刘柳两人肩并肩投身到这场政治变革中，遗憾的是，这场变革只持续了一百多天，便宣告失败。随后，柳宗元被贬为永州（今湖南永州）司马，刘禹锡被贬为朗州（今湖南常德）司马。

此后十年，刘柳两人都没有见过面，然而两人的友情没有因距离而变淡，两人经常书信来往，互相砥砺、互相鼓励，字里行间满是对彼此的牵挂与思念。直到公元815年，两人才结束了这长达十年的贬谪生涯，先后回到长安，可两人还没有来得及促膝长谈，又再次被贬。这一次，柳宗元被调任柳州刺史，刘禹锡被贬至播州（今贵州遵义）。

当时播州属于荒凉之地，百姓生活十分艰苦，刘禹锡的母亲年事已高，怎能经得起千里跋涉，若不与儿子同行，此一别恐怕就是永别。柳宗元很担心好友，遂向朝廷提出与刘禹锡交换任职地点。在柳宗元等人的帮助下，最终刘禹锡被改任为连州（今广东连州市）刺史。

人生无常，世事难料。四年后，柳宗元病逝于柳州。临死前，柳宗元遗书好友刘禹锡，将全部遗稿都留给了刘禹锡。得知好友柳宗元病逝的消息时，刘禹锡的母亲刚刚去世，他正走在护送母亲的灵柩北归的途中，刘禹锡悲痛欲绝。

柳宗元病逝时，他的四个孩子尚未成年，于是，刘禹锡收养了他的一个儿子，将其抚养成人。晚年的刘禹锡还时常想起好友柳宗元，他在《岁月咏怀》中写道："弥年不得意，新岁又如何。念昔同游者，而今有几多。"

刘柳两人能够演绎一段生死相托的兄弟情，源于他们有共同的志向、趣味和遭遇。正如《论语·卫灵公》里所说的：“志不同不相为谋，道不合不相为友。”交朋友交的就是“志同道合”，这样始于志趣，才能让友谊天长地久。

相处靠真心，深交靠人品

损者三友：友便辟，友善柔，友便佞。

——《论语·季氏篇》

人与人之间的相处靠的是真心，彼此能否深交一辈子看的是人品。跟一个人品好的人交往，会让我们受益颇多，也不必担心他会在背后玩手段、玩阴谋，坑害我们。古人早就明白了这个道理，孔子就教育我们有三种损友绝对不能交往："友便辟，友善柔，友便佞。""友便辟"，指的是惯走歪门邪道的人；"友善柔"，指的是善于阿谀奉承的人；"友便佞"指的是惯于花言巧语的人。

1.远离惯走歪门邪道的人

齐桓公是齐国有名的国君，在鲍叔牙和管仲两位重臣的辅佐下，很快就让齐国强大了起来，使齐桓公成为春秋五霸之首。

公元前645年，管仲临终前劝告齐桓公一定要远离竖刁、易牙、开方三人，因为在管仲看来，这三个人皆是走歪门邪道的小人。

竖刁善于揣摩人的心理，极尽阿谀迎之能事，为了向齐桓公表示忠心，他挥刀自宫，而后做了桓公贴身的侍者，利用侍奉齐桓公的便利，处处留心，认真观察和揣摩齐桓公的生活习惯和各种嗜好，对齐桓公投其所好，深得齐桓公的赏识和信赖。

易牙是一位烹饪大师，厨艺精湛，为了邀宠，竟把儿子献给齐桓公做肉汤。事情是这样的：有一天，齐桓公和易牙开玩笑地说："我吃遍了山珍海味，飞禽走肉，就是没有吃过人肉，不知道人肉是什么滋味？"易牙听后，便杀了自己三岁的儿子，用其肉做了汤，献给齐桓公。

开方是卫懿公的儿子，擅长溜须拍马，有一次，他出使齐国，见齐国兵强马壮，国富民强，便要求留下来。齐桓公疑惑地问道："你是卫懿公的长子，将来能做卫国的君主，为什么要来我这里屈就呢？"

开方借机对齐桓公奉承了一番，说齐桓公是天下明君，愿意放弃国君之外，追随其左右，齐桓公听后心花怒放，就封了他一个官位。

有一次，齐桓公在管仲面前夸耀开方、竖刁、易牙三人，说他们是如何爱自己，管仲却说："那都是假的，爱父母，爱子女，爱自己得身体，是人之本性，竖刁不爱惜自己的身体，易牙杀了自己的儿子，开方不爱自己的父母，他们怎么会爱您呢？"

管仲死后，齐桓公曾听从管仲的劝告，将这三个人都赶走了，可他已经无法适应没有这三个人的生活了，又派人将他们找了回来。不久后，齐桓公病重，竖刁、易牙、开方将他幽闭在宫中，并在外面筑起了搞钱，使他与外界信息隔绝，最终齐桓公被活活饿死。

齐桓公的悲惨下场，告诫我们一定要远离那些心术不正，常走歪门邪道的人，不然我们自己就可能被牵连，深受其害。

2.远离善于阿谀奉承的人

阿谀奉承之人见到有权有势的人，便不顾廉耻，溜须拍马，如果有人经常对你阿谀奉承，你也不要妄自菲薄，他不一定是真的欣赏你，很可能是想从你身上得到某些利益，根本谈不上友情，他们就是墙头草，需要你的时候，百般奉承巴结；不需要你的时候，便会落井下石。安禄山曾对唐玄宗说自己满腹忠心，但在掌握军政大权后，发动了“安史之乱”。

3.远离惯用花言巧语的人

孔子曰:“巧言令色，鲜矣仁。”意思是说，一个人说得越好听，他的品质往往就越恶劣。喜欢听好话是人的通病，花言巧语的人就是抓住了人性的这个弱点，来博取他人的好感与信任，可一旦你相信了他，他便会原形毕露，翻脸无情。

唐玄宗时期，李林甫权势显赫，不可一世，写了一手好字，又擅长绘画，深得唐玄宗赏识，但此人口蜜腹剑，善于阿谀奉承，在皇帝面前极尽吹捧之能事，歌功颂德，对皇上宠信的大臣、妃子，卑躬屈膝、摧眉折腰，以博取他们的欢心。

平时李林甫看上去像是一个老好人，对谁都十分谦卑，一副忠良相的模样，实则是一个心狠手辣、人面兽心之人，因为他自己是靠着摇尾乞怜当上宰相的，胸无点墨、才疏学浅，所以他就想方设法地除掉有学识、有才能的人。大家对李林甫既痛恨又畏惧，只好离他远远地。

前车之覆，后车之鉴。当我们听到花言巧语时，一定要提高警惕，甚至要远离对方，才能避免自身受到伤害。

善交益友，终身受用

益者三友：友直，友谅，友多闻，益矣！

——《论语·季氏篇》

《曾国藩家书》中有这样一句话："一生之成败，皆关乎朋友之贤否，不可不慎也。"意在告诫对朋友要认真甄别，谨慎选择。那么，什么样的朋友值得交往呢？孔子提出了"益者三友"的观点，即友直，友谅，友多闻，益矣。"友直"是说要交正直的朋友；"友谅"是说要交诚信的朋友；"友多闻"是说要交见闻广博的朋友。

1.结交正直的朋友

古人云："人非圣贤，孰能无过。过而能改，善莫大焉。"我们这一生犯错不可避免，正直的朋友如同一面镜子，会反照出我们的言行，当我们犯错的时候，他们就会挺身而出，直言不讳，帮助我们改正错误，若能结交这样的朋友，岂不是我们的荣幸？与他们同行，会鞭策我们不断进步。

三国时期的吕岱位高权重，名声显赫，却结交了一个处处与他作对的朋友徐原。徐原为人忠厚耿直，喜欢直言，常常毫不留情地批评吕岱的缺点，有时甚至在众人面前指出吕岱的错误，吕岱却以拥有这样的朋友感到庆幸。后来，徐原去世了，吕岱极为痛苦。

另外，结交正直的朋友，可以让我们远离祸患。《孟子·离娄下》中讲了一个“取友必端”的故事：子濯孺子奉国君之命攻打卫国，但因大病发作，拿不起武器，无法拉弓射箭，被卫国大夫庾公之斯追杀，子濯孺子却料定自己能化险为夷。

原来，庾公之斯是尹公之他的徒弟，而尹公之他又是子濯孺子的徒弟，子濯孺子很了解尹公之他，知道他是一个正直的人。果不其然，庾公之斯追上子濯孺子后，抽出箭在自己车轮上狠狠地敲了一下，敲掉了箭头上的金属才射箭而去。庾公之斯用没有金属箭头的箭射向子濯孺子，既尊师重道，又不辱国君之命。

2.结交诚信的朋友

西汉初年有一个叫季布的人，非常讲义气，重信用，爱打抱不平，曾多次救助那些因战乱而流离失所的百姓，在朝堂上，他不惧权贵，即使在吕后面前也敢直言进谏，为百姓发声，为正义辩护，而且他向来说话算数，只要他答应过的事，无论多么困难，一定会想办法办到，所以，许多人都愿意与他结交。当时流行一句谚语：“得黄金百斤，不如得季布一诺。”季布曾是项羽的部将，擅长打仗，数次打败刘邦，后来项羽自刎于乌江之后，刘邦当上了皇帝，便下令缉拿季布。鲁地一户姓朱的人家素以“任侠”闻名，十分欣赏季布的侠义行为，遂出手相救。

为了解救季布，朱家特意跑到洛阳找到夏侯婴，请他帮忙，夏侯婴是刘邦的亲信，在他的劝说下，刘邦不仅赦免了季布，还给他封了官职。

由此可见，一个人诚实有信，便会得道多助，能获得大家的尊重和友谊。因为与诚信的人交往，可以建立起牢固的信任关系，与他们相处起来也会十分放松，可以尽情地享受友谊的快乐。

3.结交见闻广博的朋友

古人云："独学而无友，则孤陋而寡闻。"意思是说独自学习而没有朋友相互交流，就会孤陋寡闻。那些善于学习的人，往往都会以文会友，在与朋友交往的过程中，拓宽自己的视野和提升自我认知，会使我们变得更加优秀。

利益至上，孤独终老

君子之交淡如水，小人之交甘若醴。

——《庄子·山木》

“天下熙熙皆为利来，天下攘攘皆为利往”，倘若纯洁的友谊牵扯进利益，友情就会变质，甚至有可能使情同手足的两个人反目成仇。

苏轼一生波折，命运多舛，乌台诗案是他命中最惊险的一劫，九死一生，而他遭此大劫与他的好朋友沈括和张璪脱不了关系。

沈括比苏轼年长，曾与苏轼同在崇文院任职，两人关系不错。沈括支持王安石变法，受到了重用，苏轼则反对变法，变法派与保守派形成对立。

有一年，沈括到杭州巡查，当时苏轼担任杭州通判，老友重逢，分外开心，苏轼便邀请沈括到家里做客，并对沈括掏心掏肺地说了很多心里话。酒酣耳热之际，苏轼将自己对新政的不同意见以诗歌的形式尽诉出来。沈括细心聆听并看到了苏轼的诗稿，回到朝廷后马上进行举报。

沈括虽不是乌台诗案的主谋，但说他是始作俑者也不为过。在这起案件中，对苏轼落井下石的还有张璪。张璪原是苏轼的进士同年，步入仕途后，又和苏轼同在凤翔共事两年。

张璪知道苏轼深受欧阳修器重，人脉资源也非常丰富，将来对自己为官一定会大有裨益，故刻意结交苏轼。苏轼也将张璪视为挚友，张璪返回汴京时，苏轼还作《稼说》一文以送之。但是，当张璪发现苏轼反对变法，对自己的仕途有影响后，立刻与苏轼划清界限，并烧毁了《稼说》。

乌台诗案后，张璪以知谏院的身份参与推治，竟然蓄意害死昔日的好友，王安石的弟弟王安礼曾劝说宋神宗释放苏轼，张璪勃然大怒，当面责骂王安礼，置苏轼于死地的丑恶嘴脸昭然若揭。

苏轼说过这样一句话：“吾上可陪玉皇大帝，下可陪卑田院乞儿。”说明苏轼交友之广，可是他忽视了一点，切勿与好利的小人交往。曾国藩说：“与好利者共事则己必受累。”因为如果一开始就本着利益来交友的人，一旦利益受损，便会反目成仇。故古人有言：“君子之交淡如水，小人之交甘若醴。”

唐初名将薛仁贵未得志之前，与妻子住在一个破窑洞里，食不果腹，衣不蔽体，日子过得异常艰难，幸得王茂生夫妇接济。后来，薛仁贵跟随李世民御驾东征，立下赫赫战功，被封为平辽王。位高权重，声名显赫后，前来王府送礼的官员络绎不绝，但都被薛仁贵谢绝了，他唯一收下的礼物就是王茂生送来的两坛“美酒”。

在得知所谓的“美酒”不过是清水后，薛仁贵不仅没有生气，还高兴地喝了三大碗，众人不解，他解释道：“多亏王兄弟夫妇的资助，我才有了今天，如今我滴酒不沾，厚礼不收，偏要收下王兄弟送来的清水，因为我知道他家境贫寒，送清水也是一番美意，这就叫君子之交淡如水。”

当你发现难以交到真心朋友，身边的人不乏利益至上的人时，这并不是坏事，至少让我们知道了哪些人不值得交往，去其“糟粕”，才能让我们拥有相互理解、三观契合、心性一致的朋友。

与优秀的人交往，自己也会变优秀

结交须胜己，似我不如无。

——《增广贤文》

从古至今，人们对交友的思考和探讨从未停止过。《增广贤文》中有这样一句话:“结交须胜己，似我不如无。”意思是说，交朋友一定要结交比自己强的人，否则，不如不交朋友。

乍一听，这多少有些功利，细细想来，颇有几分道理。李白一直有一个做官梦，但唐朝有规定，商人的孩子不能参加科举考试，而李白的父亲李客是个富甲一方的商人，所以，他要想步入仕途，只有一条路可走，即贵人的引荐。

李白四处游历，确实结识了不少朋友，但对他步入仕途都没有太大的帮助。李白四十二岁时，终遇到了贵人，此人就是贺知章。贺知章在读过李白的《蜀道难》之后，高声称赞道:“妙哉，妙哉！真谪仙人也！”李白“谪仙人”的美誉便由此而来。

两人初次相见，都有相见恨晚之感，一番促膝长谈之后，意犹未尽，于是，两人来到了一家酒馆，一醉方休。贺知章在得知李白艰辛的仕途路之后，立即表示一定会在皇上面前替李白美言几句，并承诺第二天上早朝就奏上一本，请皇帝早日召见

李白希望通过游历，结识名流，扩大社交圈子，寻求仕途机会。

李白。最终在贺知章的极力推荐下，唐玄宗召见了李白，使得李白供奉翰林。

由此可见，结交比自己强的朋友，可以获得你自己的能力无法触及到的资源和人脉，可以带你看到更远的风景。

古人云："近朱者赤近墨者黑。"如果我们与比自己优秀的人交朋友，经常与优秀的人在一起，我们自己也会变得优秀；如果经常和比自己差的人在一起，我们也会变得平庸，这就是神奇的"共生效应"。

共生效应是指一定的参照群体中的人们，在从事日常的劳动、工作和学习时，受到群体中成员的智慧、能力及以往的劳动成果的影响，在思维上获得启发，能力水平得到有效提高的现象。

如果你想变得更优秀，就一定要摆脱现在的舒适圈，去融入新的圈子，去接触比你更优秀的人，和他们在一起，你会在潜移默化中受到影响，学习他们的行为举止、思维方式，解决问题的方法，从而带动你发生质的改变。

路遥知马力，日久见人心

先淡后浓，先疏后亲，先远后近，交友道也。

——《小窗幽记·集醒篇》

孙膑是战国时期齐国人，师从鬼谷子，他有一个同门师弟叫庞涓，天资不及孙膑，且为人狡诈，善弄权术，又轻易不被人觉察。后来，庞涓成了魏国的大将，深得魏惠王的宠信，庞涓虽位高权重，春风得意，却常常感到惴惴不安，因为他心里很清楚，论天下的用兵之法，只有孙膑一人在自己之上，每每想到这些，他都寝食难安，到底该怎么办呢？

如果把孙膑推荐给魏惠王，孙膑的名声威望很快就会超过自己，可要是孙膑被其他国家重用，各为其主，自己还不是他的对手。思来想去，一条毒计在他心里慢慢形成。不久后，庞涓给孙膑写了一封信，信上说经过庞涓的极力推荐，魏惠王同意重用孙膑，请孙膑一同来魏国都城大梁，共谋发展。

孙膑欣喜若狂，深感师弟讲义气，立即动身去了大梁，庞涓大摆筵席，盛情款待，可数日过去了，孙膑都未得到魏惠王的召见，孙膑只得耐心等待。一天，他正在房间里看兵书，突然几个士兵闯了进来，不由分说将孙膑捆绑得结结实实。原来，庞涓将孙膑骗来之后，在魏惠王面前诬陷孙膑私通齐国，使孙膑身陷囹圄。

随后，孙膑被处以膑刑，受刑后的孙膑再也无法站立。当他得知是被庞涓所害时，恨得咬牙切齿，但他必须要先逃出这个魔窟才能想办法报仇雪恨。于是，他开始装疯卖傻，几次试探之后，庞涓以为孙膑真的疯了，便不再理会他。

一天，齐国的使者出访魏国，孙膑在取得使者的信任后，藏在使者的车子中，逃出了魏国，回到了齐国。齐国的国君十分欣赏孙膑，让他做了军师，在孙膑的指挥下，齐国战无不胜。

公元前341年，马陵之战爆发，在这次战役中，孙膑利用庞涓的弱点，制造假象，魏国大军一败涂地，庞涓被齐军的箭射中，走投无路，自刎身亡。

白居易的《太行路》中有这样两句话："太行之路能摧车，若比人心是坦途。巫峡之水能覆舟，若比人心是安流。"意思是说，太行山的路崎岖坎坷，能让一辆好车报废，但相比人心，太行山又是多么地平坦；巫峡的水中密布着暗礁，能轻易颠覆一艘船，但相比人心，巫山来的水又是多么地平静。

白居易用了两个比喻，来说明人心之复杂，故颜之推在《颜氏家训·慕贤篇》中写道："君子必慎交游焉"。那么，怎么做才是谨慎交友呢？古人教育我们要"先淡后浓，先疏后亲，先远后近，交友道也。"交友的滋味要由淡薄而浓郁，由疏远而亲近，由接触而相知，这才是正确的交友方法。

友情不分年龄，只有相见恨晚

人生交契无老少，论交何必先同调。

——杜甫《徒步归行》

人们往往习惯选择与自己年龄相仿的人为友。同龄人没有代沟，有共同的话题，这是优势，但我们没有必要把交友对象一定限制在同龄人之中，与年长的人或者年轻的人交往，也会有意想不到的收获，古代就有不少忘年之交的实例。

祢衡是东汉人，他思维敏捷，能言善辩，但他为人耿直，不知不觉中得罪了不少人，一直也未能出人头地。一年，祢衡来到许昌谋求发展，他没有拜访当时社会上非常有名望的人，只想找机会见见他一直敬重的孔融和杨修。

孔融是朝中重臣，声望很高，听说此事之后，非常想见见祢衡，于是穿着便服，去拜访祢衡，两人一见如故，情投意合，推心置腹地谈了很久，完全没有因为年龄而产生隔阂。当时孔融已四十岁，祢衡还不满二十岁。之后，孔融经常把祢衡请到家里，两人把酒言欢，畅谈时政，孔融很欣赏祢衡的才华，两人都有一种相见恨晚之感。

除了孔融与祢衡之外，还有一对令人羡慕的忘年之交——李白与杜甫。李白比杜甫大十一岁，两人相识时，李白正处于人生低谷期，被唐玄宗赐金放还，离开了长安，云游四方，在洛阳偶遇了二十四岁的杜甫。

当时杜甫的境遇也不太好，虽参加了进士考试，但未考中，数年来四处奔波，没有找到合适的供职地方。相似的经历、相同的心境，使李、杜两人惺惺相惜，两人同游梁宋（今河南商丘）、齐赵与东蒙山，登高、怀古、游猎、饮酒作诗、同床共枕，真可谓是“醉眠秋共被，携手日同行”。

后来，李白去了江东，杜甫去了长安，两人在鲁郡东石门分别，李白写下了《鲁郡东石门送杜二甫》，在游历途中，孤身一人的李白对杜甫愈加思念，遂写下了《沙丘城下寄杜甫》。

阔别八年后，李、杜两人曾在长安短暂相聚，此次分别今生再无相见，思念与牵挂却无时不在。杜甫曾写下了《梦李白二首》等诗篇，怀念李白。在得知李白入狱浔阳后，更是写道“故人入我梦，明我长相忆”。

可见，友情不分年龄，遇到情投意合的人才是关键，正如杜甫在《徒步归行》中所言：“人生交契无老少，论交何必先同调”。忘年交是一种非常有益的交往方式，它可以让我们拓宽视野、收获经验和启示、获得帮助。

1.拓宽视野

由于同龄人的生活经验与思维方式相似，所以，与同龄人相处时多少会受到一定的局限，忘年交有助于拓宽我们的视野，提高思维能力。

2.收获经验与启示

年长的朋友有更多的生活阅历和丰富的人生经验，与他们交往，可以获得更为宝贵的经验，他们的经历还会给我们带来一定的启示，有利于更好地应对将来可能出现的问题。

与年轻的朋友交往，我们又能感受到他们的青春活力，初生牛犊不怕虎的精神，这会激励我们勇往直前。

3.获得帮助

当我们遇到一些无法解决的问题时，年长的朋友能够给我们提供宝贵的建议并给予指导。现在社会发展速度之快，年轻人接受新鲜事物的能力也要强一些，从他们身上我们可以学到新知识，更好地适应社会的发展。

总之，人生难得遇知己，一定要好好珍惜，交友不应拘泥于年龄、辈分、时代、背景等外部因素，有相同的志趣与理想，说话投机，情投意合，这些才是最关键的因素。

一味迎合，只有低人一等

上交不谄，下交不渎。

——《易经》

每个人的性格都不同，我们在与之交往时便会遇到各种挑战，有的人性格温和、活泼开朗，很容易相处；有的人性格腼腆内向、敏感多疑，不容易相处。在多元化的社会里，适当迎合，可以帮助我们更好地与他人相处，建立良好的人际关系，但不能靠俯首帖耳、唯唯诺诺来交友，否则就失去了独立和尊严。

孔子云："上交不谄，下交不渎。"意思是说结交比自己地位高的人时，不要低声下气；结交比自己地位低的人时，不要高傲怠慢。这是与他人相处应遵循的重要原则。

有一次，苏轼游莫干山，因感到疲劳，便走进一座庙宇休息。老道见苏轼穿着打扮一般，指了指椅子，冷淡地说道："坐。"又吩咐道童："茶。"

老道与苏轼交谈一会儿后，发现苏轼谈吐不凡，绝非一般的书生，便请他来到大殿休息，客气地搬来椅子，说道："请

坐。”要道童来：“敬茶。”当得知面前的人就是赫赫有名的苏轼时，连忙站起身，向苏轼打躬作揖，并引导他进了会客厅，恭敬地说道：“请上座。”招呼道童给苏轼：“敬香茶。”

苏轼见老道对自己的态度发生了一百八十度大转弯，感到十分厌恶，临别前给老道题字留念时写道：“坐，请坐，请上坐；茶，敬茶，敬香茶”，令老道羞愧难当。

在这个故事中，老道将“向上谄媚，向下奚落”表现得淋漓尽致，这样的人势必会遭人厌恶，谁愿意与没有人格尊严的人交往呢？在人际交往中不论贵贱，都应不卑不亢，既有礼又有自尊的君子风度。

“濠梁之辩”这个典故的主人公是惠施和庄子，两人是好朋友，但经常发生争论。有一天，两人在濠水的桥上游玩，庄子看到河水中的鱼儿游来游去，随口说了一句："这鱼儿真快活！"惠施听后马上反驳道："你不是鱼，怎么知道鱼是快乐的呢？"庄子说："你又不是我，怎么知道我不知道鱼很快乐呢？"惠施继续反驳道："我不是你，当然不知道你的想法，但你不是鱼，不知道鱼的快乐，这点是可以肯定的。"庄

子说："现在我们回到最初的设定，你问我'哪里知道鱼的快乐'，从这句话中说明你清楚我知道，所以才会问我从哪里知道的，现在我告诉你，我是在濠水的桥上知道的。"

庄子与惠施虽是好朋友，但他们不会为了迎合对方，就一味

地支持对方，当两人的观点不同时，便会争论不休。真正的友谊并非要完全认同对方，而是能够保持自我，求同存异，彼此欣赏。

与人交往需要智慧与技巧，更需要保持不卑不亢的态度。不卑，即不自卑，不低估自身的价值，每个人都有优点和缺点，无须因为有缺点而自惭形秽，大胆地展示自己的才华。同时，给予对方足够的尊重，欣赏对方身上的闪光点，双方建立在平等和尊重的基础上，才能使友谊之树常青。不亢，是指不过度自负，自我感觉强于别人，就对别人表示出傲慢的态度，“谦虚温谨，不以才地矜物”是与人相处时应有的态度。同时，尊重别人的意见与感受，拥有包容之心，求同存异，才能建立起和谐的人际关系。

第六章

会做人，能做事

人生路，需与众人同行，会做人，得到好人缘，能做事，赢得好人生。为人处世是学问，亦是能力，深谙其道，方能独步天下。

善良有尺，忍让有度

人善被人欺，马善被人骑。

——《增广贤文》

“人之初，性本善”，我们从小就接受善良教育，在心中播下了一颗美好的种子。老人常说：“好事做尽，必有灾祸”，这是有一定道理的，《东郭先生与狼》这则寓言故事，就是一个很有说服力的例子。

从前有两户人家是邻居，一家比较富裕，一家比较贫穷。有一年发生了旱灾，粮食近乎绝产，穷人家没有余粮，一家人饿

得饥肠辘辘，富裕的一家见状便借给他们一升米救急，穷的人家千恩万谢，把对方称为救命恩人。

渡过难关之后，穷人前去感谢富人，闲谈之中得知穷人家连明年播种的种子都没有，善良的富人又借给穷人一斗米。可是，这次穷人一家不仅没有感谢富人，反而抱怨起了富人。

这话很快就传到了富人的耳朵里，富人很生气，他觉得自己做了善事，帮助了穷人一家，可他们不知道感恩，反而记恨自己，从此两家再无往来，见面就像仇人一样。

这就叫“升米恩，斗米仇”，在别人处于危难的人，你给予他很小的帮助，他都会十分感谢你，但是如果你一直帮助他，突然因为某些原因，你中断了对他的帮助，他就会记恨你。

所以，做人要在心存善念的同时，明白“人为财死鸟为食亡”的道理，对于不知感恩的人、依赖性强的人、利用他人善良的人，这三种人千万不能善良。

1.不知感恩的人

据说有一次，大书法家王羲之路过山阴城的一座桥，看到一个拄着拐杖的老婆婆，拿着十来把用细竹篾编织成的扇子，一边走一边叫卖。王羲之得知老婆婆半天连一把扇子都没有卖出去之后，便主动提出要给扇子题字，并嘱咐老婆婆一定要说这扇子上的字是王右军（王羲之世称）题写的。

老婆婆照办后，扇子很快售卖一空，从那以后，吃到甜头的老婆婆就经常在桥上等，看到王羲之，就拉着他给扇子题字。无奈之下，王羲之为了避免再次碰到老婆婆，不得不绕路而行，以免被老婆婆纠缠。

对于不知道感恩的人，还是远离为好，对于别人的帮助，他们会认为理所当然，一旦对他们的帮助有所减少，他们不仅不会感激，还会怨恨。

2.依赖性强的人

对于那些不自强的寄生虫，帮助他们就是在助纣为虐，因为他们对别人的帮助会贪得无厌，你越是帮助，他们的依赖性就会越强。

3.利用他人善良的人

有些人善于利用他人的善良、同情心进行行骗，这种人最可耻。那些在大街上假装乞丐、残疾进行乞讨的人，是对善良的无耻利用，对于这种人绝不能姑息、纵容。

总之，做人太过善良，易被利用；太过忍让，会被欺负，我们应牢记：“善良有尺，忍让有度。”

有一种善良叫成人之美

君子成人之美，不成人之恶。

——《论语》

善良是一种美德，人生最美的善良是成全。成全是一种高尚的修养，一种高贵的品德。

秦大成是清朝乾隆时期人，他早年丧父，与母亲相依为命，家中十分贫寒，他其貌不扬，不善言辞，所以一直未成婚，直到中了秀才，才说了一门亲事。

成亲那天，秦家院子里挤满了人，亲友们都为秦大成能娶到妻子感到高兴，纷纷前来祝贺。傍晚，客人都散去了，房间里只剩下秦大成与新娘，新娘忽然大哭起来，令秦大成手足无措。

原来，新娘已经有心上人，只因父母嫌贫爱富，逼迫新娘退了婚约。秦大成在得知新娘的心上人就是自己当年的学友后，立即走出洞房，派人请来学友，说明原委，并让出洞房给学友，让他们完婚。次日，又将嫁妆交给学友，送他们回家。

《论语》有言:“君子成人之美，不成人之恶。”意思是说，君子成全别人的好事，而不成全别人的坏事。秦大成“盛德让妻”的行为便是成人之美。或许有人认为做好事就是成人之美，其实这种理解并不完全正确。

首先，成人之美成全的是好的、对社会或者他人无害的愿望。范仲淹在做学官期间，经常用自己的薪俸资助穷苦的读书人，孙秀

才就是其中之一。孙秀才家境贫寒，有年迈的母亲要赡养，使他无法安心读书。每次孙秀才来，范仲淹都会给他十千铜钱。

为了减轻孙秀才的学业压力，范仲淹还为他谋了一个差事：让他做了学职，每月有三千铜钱的薪俸，孙秀才更加刻苦地学习，深得范仲淹的赏识。一年后，范仲淹因职务调动，去了其他地方任职，孙秀才也完成了学业。

十年之后，范仲淹听说泰山脚下有一位教授《春秋》的先生，深得人们爱戴，遂前去拜访，竟发现这位先生就是当年的孙秀才，他感到十分欣慰。范仲淹帮助孙秀才完成了学业，实现了读书的愿望，使孙秀才成为一个有学问的人，之后孙秀才又将知识传播给更多的人，做了对社会有意义的事情，这就是成人之美。

假如孙秀才打着贫穷的幌子，向范仲淹讨要钱财，且没有把钱财用在学习上，养成了好吃懒做、坑蒙拐骗的坏毛病，这就不能称为成人之美。

成人之美不得有私心，否则就是伪善。如果朋友希望你帮他托关系，让他的孩子进入高中，并承诺会给你一定的“好处费”。假如你把这件事办成了，这也不叫成人之美，一是你获取了一定的利益；二是你可能损害了无辜者的利益。

将心比心，方得人心

君子不责人所不及，不强人所不能，不苦人所不好。

——《文中子·魏相篇》

有一年，魏国公子信陵君带兵攻打秦国的管邑，久攻不下，原来管邑的守将是个魏国人，他很熟悉魏国的战争策略。信陵君得知这个情况后，就想到了一个主意：派人回到魏国，将守将的父亲“请”过来，让守将的父亲率兵攻城。

信陵君派出的人对管邑守将的父亲说明来意后，遭到了拒绝，信陵君派去的人好话说尽，守将的父亲依然无动于衷，信陵君便强行带他来到了战场，逼迫他参战，无奈之下，这位父亲拔剑自刎。

古语有言：“君子不责人所不及，不强人所不能，不苦人所不好。”意思是说，不要要求别人做他做不到的事情；不要强迫别人做他不擅长做的事情；不要难为别人做他不喜欢做的事情。简而言之，就是不要强人所难。

其实，大多数人都明白强扭的瓜不甜，不愿意强人所难，只不过有时候非故意为之。古时候有一位将军非常喜欢吃大饼卷猪肉，他认为再也没有比这更美味的食物了，所以每次打了胜仗，他都会奖励士兵这道美食，并要求大家吃完。对于爱吃这道美食的士兵来说，这是一种恩惠，可对于不爱吃的士兵就是痛苦的折磨。因为每个人都有自己的好恶，用自己的思维和感受强加于人，有可能对别人是一种伤害。

你有没有遇到过这样的人，或者做过这样的人，一片好心对待别人，对方不仅不感恩，还落了埋怨呢？要避免此事，应牢记:“将心比心，方得人心。”

首先，我们要做到自己不愿意的，就不要强加给别人。如果你不愿意被人背后非议，那么，你就不要在背后说他人长短；如果你不愿意被人欺骗，那么，你就不要去欺骗他人。

其次，要学会换位思考，把自己变成对方，尽可能地换位思考，才能更好地理解对方。其实，很多矛盾的产生都缺乏深入地沟通。

王安石和苏轼都是北宋时期的官员，王安石提出“新法”，试图通过改革解决当时社会的问题，实现国富民强，苏轼持反对意见，主张渐进式改良，由于两人政见不同，关系一度十分紧张。

后来，王安石归隐金陵，有一年苏轼路过金陵，两人再次相见，通过与王安石的深入交流，他发现王安石是胸怀大志之人，心系国家与百姓，深深地理解了王安石的艰难与无奈，对王安石肃然起敬。王安石与苏轼虽然在政治立场上有分歧，但都能站在对方的角度思考问题，从而冰释前嫌。

宽容别人，就是善待自己

地之秽者多生物，水之清者常无鱼；故君子当存含垢纳污之量，不可持好洁独行之操。

——《菜根谭》

羊斟是春秋时期宋国大夫华元的马夫，公元前607年，郑国攻打宋国，宋国任命华元为主帅，率领军队迎战。为鼓舞士气，在两军交战之前，华元杀羊犒劳全军，军中每一个人都会分到一碗羊肉。

或许是因为忙中出乱，马夫羊斟未分到羊肉，他虽未表示出不满，但怀恨在心，等到两军交战的时候，羊斟驾着战车直奔郑军阵地，主帅华元就这样轻而易举地被活捉了，没有了主帅，宋军一败涂地。

对于羊斟的结局历史上没有记载，但是如此斤斤计较的人，谁敢收留他呢?

《菜根谭》中有这样一句话:“地之秽者多生物，水之清者常无鱼；故君子当存含垢纳污之量，不可持好洁独行之操。”意思是说，一块堆满了腐烂的杂草和粪便的土地，才是能长出许多植物的好土壤；一条清澈见底的河流，常常不会有鱼虾繁殖。所以，君子应有容忍的气度和宽恕他人的雅量，绝不能因为自命清高不与任何人来往，从而使自己陷入孤独。

一言以蔽之，做人要有"厚德载物，雅量容人"的胸襟。一个能做大事的人，一定有能容忍他人的度量。一天，楚庄王宴请文武百官，就在大家喝得尽兴的时候，大殿里的灯火被吹灭了，一位大臣趁着天黑对楚庄王的宠妃作出了无礼的行为，这位妃子趁机扯下了这个人的帽缨，要楚庄王找出那个人。

楚庄王却让所有的大臣都折断帽缨，以避免那位大臣的尴尬，待所有大臣都折断帽缨后，楚庄王才命人把灯重新点燃，一直喝到大家尽兴才离去。

三年后，楚晋两国交战，楚国有一位将士英勇无比，每次战役都冲锋在前，杀敌无数，楚庄王特意召见了他，问道："你为什么如此神勇呢？"这位将士回答："其实我有死罪，三年前在宴会上作出非礼行为的就是我，但大王您没有治我的罪，所以我要报答您。"

绝缨之宴的故事告诉我们：宽容别人，其实就是善待自己。那么，什么是宽容呢？宽容不等于对别人的过失无动于衷，也不等于不在意，而是在面对别人的过失或者不同意见时，保持客观、冷静的态度，尊重和认可他人，不轻易指责他人。

宽容是和谐、美好生活的基础。冤冤相报何时了，人生何必太计较，太计较只会让自己的日子不好过，故君子不念旧恶，宽容别人是大度，饶过自己也是大度。

管闲事，落不是

各人自扫门前雪，莫管他人瓦上霜。

——《事林广记·警世格言》

唐宣宗的女儿万寿公主到了出嫁的年龄，由于公主从小娇生惯养，养成了目中无人、盛气凌人的性格，加上又十分挑剔，所以千挑万选也没有找到一个合适的驸马。

就在唐宣宗为此事心烦不已时，宰相白敏中向皇上推荐了一个人，就是刚刚中了状元的郑颢，此人相貌堂堂，才华横溢。

但是，郑颢早已经心有所属。白敏中得知郑颢正准备迎娶和他青梅竹马的卢氏时，立马用一纸文书召回郑颢，郑颢虽不情愿，但是宰相得罪不起，便急匆匆地赶了回来，得知事情的原委后，他严词拒绝。

白敏中一听慌了，这事要是办不成，怎么向皇帝和万寿公主交代啊！以后还会有好日子过吗？于是，他收起了刚才的和颜悦色，以卢氏相威胁，逼迫郑颢必须答应这桩婚事。无奈之下，郑颢只得与万寿公主成婚，但他心里始终放下不卢氏，每每想起卢氏，就对白敏中多了一份恨意。

为了报仇，郑颢多次上表皇帝，说了白敏中很多坏话。后来，白敏中被派往邠宁，他心生恐惧，担心郑颢会找个机会杀

掉自己，便找到唐宣宗诉苦，唐宣宗拿出一个木盒子，里面装的都是郑颢上表的奏折，说:“如果我相信了郑颢，你还能活到今天吗？”白敏中深深地叹了一口气，心想：当初真不该乱点鸳鸯谱啊！

老话讲“各人自扫门前雪，莫管他人瓦上霜。”人与人之间的交往要保持一定的距离，把握一定的分寸，如果没有了边界感，那就是多管闲事，自找麻烦，下面的三种闲事千万不要管。

1.莫管他人的家事

俗话说“清官难断家务事。”不管是亲人，还是好朋友，别人的家事都莫插手，本来是别人家庭内部的矛盾，或许会因为你一个外人的插手，让事情变得更复杂，更难处理，犹如火上浇油。

2.莫管别人的私事

寓言《浑沌凿窍》说的是：南海大帝儵与北海大帝忽经常来拜访中央大帝浑沌，每次浑沌都会热情地招待他们，儵和忽就想报答浑沌，他们发现每个人都有七窍，只有浑沌没有，就决定给他凿开七窍。可当倏和忽凿完七孔，浑沌却一命呜呼了。

这则寓言告诉我们：不管你与对方的关系多么亲密，也不能自作主张替他安排人生，随意干涉别人的私事。不插手别人的私事，允许他人的道德观、生活方式与自己不同，才是最恰当的交际方式。

3.莫管别人的情事

感情就像一团乱麻，当事人都未必能理出头绪，旁人就更不清楚这里面的是是非非了，所以，切勿插手他人的情事，否则只能自讨没趣。

人生的很多烦恼，多因管闲事太多，而关注自己太少。真正成熟的人，都懂得守心克己，做到闲话莫谈、闲事莫管，便能心安。

人若高调，必招小人

木秀于林，风必摧之；堆出于岸，流必湍之；行高于人，众必非之。

——李康《运命论》

鸡肋事件导致杨修之死，这一典故广为流传，也引发了人们对杨修之死原因的探讨，有人说是因为杨修为人过于高调，也有人说是曹操妒忌杨修的才能。

其实，这两者之间是紧密相连的。中国有句老话叫作："不遭人妒是庸才"，杨修是公认的聪明人，为人又十分高调，而曹操心胸狭窄、嫉妒多疑，所以，两人凑在一起，非死即伤啊！

古人云:“木秀于林，风必摧之；堆出于岸，流必湍之；行高于人，众必非之。”意思是说树木高出树林，风一定会把它吹断；土堆突出河岸，急流一定会把它冲掉；德行高于众人，众人一定会诽谤他。也就是说，越是优秀的人越容易招致他人的嫉妒、诽谤、陷害，所以，为人处世切勿高调，深藏若虚，韬光养晦，才能平安无事。

明代政治家张居正进入官场后，不露圭角，小心谨慎，一路高升，最终扳倒奸臣严嵩和竞争对手高拱，成为了万历朝的首辅。

张居正是一个非常有才华的人，幼年应童子试就被人称为“江陵神童”，所以他身上不免有一些骄狂之气，不把任何人放在眼里。十三岁那年，他参加乡试，按理说凭借他的年龄和声望，中举是情理之中的事情，他却落榜了，因为有人故意打压他。

这个人就是湖广巡抚顾璘，他认为一个人十三岁就中举，以后定会自满，应让他遭受一些挫折，所以特意吩咐监试的冯御史，不要让张居正中举。所以，虽然张居正的考卷做得很优秀，但最终还是落榜了。

三年后，十六岁的张居正再次参加乡试，金榜题名。二十三岁那年，张居正入京会试后在殿试中中了二甲进士，步入仕途。最终成为内阁首辅，辅佐明神宗进行“万历新政”，史称“张居正改革”。

其实，不仅为官要低调、不能狂妄，普通人行走于社会，也应遵循这样的处事原则。首先，在钱财名利方面应低调，因虚荣心作祟，有的人会故意向他人炫耀自己的成就，这很容易招人算计，因为人们习惯把目光放在高调的人身上。其次，不要

向他人炫耀自己的个人目标。真正的决心就像暗流，安静而坚定。如此宏大的誓言和宣言，往往不过是虚张声势。这个世界充满了激烈的竞争，高调暴露自己的野心，不但对自己毫无裨益，还容易引起他人的嘲笑和嫉妒。

深藏好恶，等待时机

君子藏器于身，待时而动。

——《周易》

魏蜀吴三国争雄逐鹿了上百年，最终“三国尽归司马懿”，不少人觉得司马懿能得到天下，是因为他寿命长，将曹氏集团的曹操、曹丕、曹叡都熬死了，就剩下个乳臭未干的曹芳，对付他易如反掌。

这种说法并不完全正确，深藏好恶，等待时机，才是司马懿笑到最后的关键因素。众所周知，曹氏集团最鼎盛的时期是曹操、曹丕当政的时候，司马懿没有半点胜利的可能，他不敢有任何非分之想。曹叡当政后，曹氏集团虽然已经出现了衰落的迹象，但军政大权被曹氏一族牢牢掌

三国尽归司马懿

控，司马懿没有机会下手。

等到年幼的曹芳成为曹魏天子之后，曹氏一族的势头大不如从前，虽然有曹爽为其撑腰，但曹爽志大才疏，自不量力，不顾众人反对，执意讨伐蜀汉，结果败得惨不忍睹，导致他众叛亲离。

公元249年，司马懿趁曹爽陪曹芳离洛阳至高平陵祭陵，发动了政变，控制了京都洛阳，曹魏的军政权力落入司马氏手中，史称“高平陵事变”。这一年司马懿已经七十岁了。

了解了司马懿的故事，让人不由得想起《周易》中的一句话：“君子藏器于身，时而动。”意思是说，君子身上隐藏着宏大的才器，只等待着时机的到来。仔细想一想，那些大器晚成的人，哪一个不是厚积薄发的结果呢？所谓的逆袭，只不过是有备而来。假如你的羽毛尚未丰满，你只需要做好两件事：学会隐忍和提升自己。

1.学会隐忍，才会自强自大

司马懿最令人敬佩的本领就是隐忍。诸葛亮第五次北伐时，派兵在魏军军营前叫阵、辱骂，司马懿都不出战。情急之下，诸葛亮派人给司马懿送去一套女人的衣服，羞辱他不配做帅，只配做女人，魏国的士兵和将士都被激怒了，可司马懿依然没有准备迎战。

曹操打败袁绍后，想重用司马懿，司马懿不愿意，可又不敢公开拒绝，便佯称患有风痹，起居不便。于是，曹操派人在夜间去查看，由于司马懿事先得到消息，便整天躺在床上。深夜，曹操派来的人潜入室内，见司马懿直挺挺地躺在床上，便举起刀，向司马懿砍去，在如此危急时刻，司马懿依然纹丝未动，只睁大眼睛看着对方，派来的人这才收起刀，回去禀报曹操，说司马懿果真患了重病。

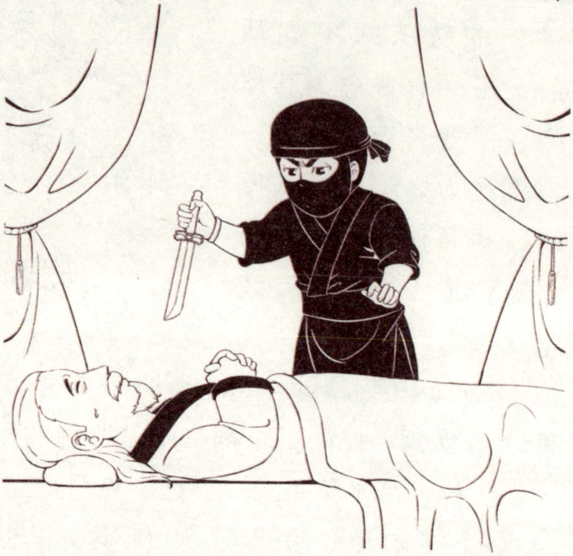

2.提升自己，成就自己

等待时机，不是无所事事地等待幸运之神的降临，而是时时刻刻都要提高自己。莫言说:“当你的才华还撑不起你的野心的时候，你就应该静下心来学习；当你的能力还驾驭不了你的目标时，就应该沉下心来，历练；梦想，不是浮躁，而是沉淀和积累，只有拼出来的美丽，没有等出来的辉煌。”唯有不断提升自己，才能等来成就自己的那一天。

了解自己是做人的最高境界

知人者智，自知者明。

——《道德经》

战国时期齐国大臣邹忌仪表堂堂，风度翩翩，他听说城北的徐公是个公认的美男子，就想知道自己与徐公谁更美，于是，他就询问自己的妻子、小妾和拜访自己的客人，大家都说邹忌比徐公美。

可是，当邹忌见过徐公之后，发觉徐公要比自己美得多，他便开始思考这样一个问题：大家为什么都说我比徐公长得美呢？经过彻夜思考之后，他终于找到了答案：妻子说我美，是因为妻子偏爱我，小妾说我美，是因为小妾害怕我，客人说我美，是因为客人有求于我。

《道德经》中有这样一句话："知人者智，自知者明。"意思是说，能了解他人的人是智慧，能了解自己的人是聪明。邹忌能在一片赞扬声中保持清醒的头脑，实属不易。肯定自己是很容易的事，否定自己是一件痛苦且难以接受的事情。如果我们不了解自己，往往会在为人处世中作出片面或者错误的判断。

颜回听说卫国的国君很年轻，处理政事十分轻率，看不到自己的过失，将国家治理得十分混乱，便想去卫国，帮助卫国国君，却遭到了孔子的反对。

孔子认为颜回的道德修养还没有达到一定的建树，不足以给卫王推行大道，如果卫王愿意亲近贤能的人，早就有人劝谏了，他也早就做出改变了，之所以有今天的样子说明卫王是个暴君。颜回若强行劝谏，就有可能引来杀身之祸。

我们要善于养成反思自己的习惯，我们今天为什么会是这个样子，是由过去决定的。认真回忆曾经做过的事，好好总结过去的得与失，不仅能让我们更好地了解自己，也能让我们更好地面对未来。

简单地说，所谓的自知之明就是正确认识自己的能力，清楚自己能干什么，不能干什么，把自己放在一个合适的位置上。每个人的能力都是有限的，能发现自己擅长的领域，充分发挥聪明才智，将其做到极致，这就是大智慧。

汉高祖刘邦为什么能建立丰功伟业，因为他有自知之明，知道自己在治国安邦上不如萧何，在深谋远虑上不及张良，在用兵之道上比不上韩信，但是他清楚自己的优势是会用人，在知人善任、任人唯贤上无人能及。

因此，只有对自己有一个清晰且深刻的认识，才能找对人生方向；只有清楚自己最擅长做什么，才能让自己活得最好，所以，了解自己是做人的最高境界。